基督教文化研究丛书

主编 何光沪 高师宁

五编 第 2 册

纽曼的启示理解（下）

王 玉 鹏 著

花木兰文化事业有限公司

国家图书馆出版品预行编目资料

纽曼的启示理解（下）／王玉鹏 著 —— 初版 —— 新北市：花木
兰文化事业有限公司，2019〔民 108〕
目 4+144 面；19×26 公分
（基督教文化研究丛书　五编　第 2 册）
ISBN 978-986-485-801-9（精装）
1. 纽曼（Newman, J. H., 1801-1890）2. 学术思想　3. 神学
240.8　　　　　　　　　　　　　　　　　　　108011500

ISBN-978-986-485-801-9

基督教文化研究丛书
五编　第 二 册

ISBN：978-986-485-801-9

纽曼的启示理解（下）

作　　　者　王玉鹏
主　　　编　何光沪　高师宁
执行主编　张　欣
企　　　划　北京师范大学基督教文艺研究中心
总 编 辑　杜洁祥
副总编辑　杨嘉乐
编　　　辑　许郁翎、王筑、张雅淋　美术编辑　陈逸婷
出　　　版　花木兰文化事业有限公司
发 行 人　高小娟
联络地址　台湾 235 新北市中和区中安街七二号十三楼
　　　　　　电话：02-2923-1455 ／ 传真：02-2923-1452
网　　　址　http://www.huamulan.tw 信箱 hml810518@gmail.com
印　　　刷　普罗文化出版广告事业
初　　　版　2019 年 9 月
全书字数　276007 字
定　　　价　五编 9 册（精装）台币 20,000 元

纽曼的启示理解（下）

王玉鹏 著

目次

第三章　启示与理性

　　启示/信仰与理性的关系是纽曼终生都至为关注的一个重要问题。在早年属于福音派时期，他倾向于将信仰置于首位。进入奥利尔学院后，受学院理智主义的影响，他开始将理性置于优先的地位，对古代教父作家比较无礼。[1]在安立甘——天主教时期，他逐渐摆脱唯理主义的影响，重新返回重视信仰的立场，但同时也并不因此而减少对理性的尊重。

第一节　《牛津讲道集》中关于信仰与理性关系的论述

　　《牛津讲道集》有四篇讲道讨论理性与信仰的关系，分别是：《理性的潜越》(The Usurpations of Reason)、《理性与信仰，与思维习惯相对比》(Faith and Reason, Contrasted as Habit of Mind)、《在与理性关系中的信仰的性质》(The Nature of Faith in Relation to Reason)、《内隐理性和外显理性》(Implicit and Explicit Reason)。

　　第四篇《理性的潜越》是纽曼1831年的一篇讲道，这篇讲道读起来就像是他对自己早年的唯理主义和奥利尔学院以惠特利为代表的"诺伊底派"进行的一次批评。从这篇讲道内容可以看出，它主要是要严明理性与信仰各自的界限。其中纽曼并不否认理性有其存在的合理性，但是他主张理性有其适用的范围，理性不可超越自己的界限而在宗教和伦理领域内行使潜越之权，因为这些领域属于感觉领域，理性对之无能为力。[2]纽曼还以圣经为依据，指

1　Apo.,p.14.

2　O.S., p.62.

出即使面对那些没有文化的人，信仰同样"具有通过自己内在的力量建立自己"的能力，理性不过是信仰的俘虏。[3]他甚至赞同休谟的观点，休谟认为谁如果通过理性的原则去捍卫宗教信仰，那这人不是危险者的同伴就是伪装的敌人。理性至多算作信仰的一种工具。

第十篇《理性与信仰，与思维习惯相对比》是纽曼 1839 年的一篇讲道，这篇讲道主要分析了信仰与理性的联系和不同。首先，纽曼肯定信仰是不能离开理性的："信仰最终还是要在洞见（Sight）与理性中解决的"。[4]"……没有人会说良知是违背理性的……理性分析行为的动机和理由：理性是一种分析，但并不是分析它自身的动机。良知则是我们本性中很单纯的因素，但当它起作用时，也受到理性的检视。"[5]"信仰的存在和运行肯定是不能独立于理性的。"[6]但是另一方面，信仰又与理性有形式和本质上的区别："理性在同意之前需要很强的证据，而信仰则只需要较弱的证据。……理性需要严格的证据，信仰只要模糊的或不完美的证据就可以了。……信仰或受到先在的注意、先见和偏见的影响；但理性却为直接和确定的证据制约。"[7]最后，纽曼对于两者关系的结论是："当福音说理性信仰时，不过是说信仰在理论上讲要遵从正确的理性，而并不是说是在具体实际中。……理性可以是信仰的判断，当然不是在本源意义上；信仰可以为理性所判断，但却可以不运用它。"[8]

第十一篇《在与理性关系中的信仰的性质》主要强调"宗教的理性"对于一般理性缺陷的克服。其中纽曼认为尽管理性可以弥补感性认识的不足，但是理性认识仍然只是认识我们外部世界的"间接方式"，[9]"理性并不能真正认识事物，只是一种从一事物认识推及另一事物认识的功能。"[10]当理性失效时，人会以自己的方式进行思考，那不是仅仅来自于模仿和赞同，而是来自于内在的冲动。[11]这种方式包括感性、记忆等形式，属于人的一种本能。尽管如此，却能够实现理性所无法达到的对于外部世界的真正把握。当人对什么有浓厚兴趣时，一般是不会犯错的，"他们有一种本能引导他们做出正确的判

---

3 O.S.,p.58.

4 O.S,p.181.

5 O.S.,p.183.

6 O.S.,p.184.

7 O.S.,pp.185,190,187.

8 O.S.,p.184.

9 O.S.,p.207.

10 O.S.,p.206.

11 O.S.,p.212.

断，得出正确的结论。"[12]这是对于外部世界认识的一种"直接方式"，信仰的发生即是这样的一种逻辑和理性，"信仰是宗教思维的理性，或者就是圣经所讲的一种正确的或更新的心灵，它是通过假设而不是证据发生作用，当它不能确信时，就会对未来进行沉思和冒险。"[13]也就是说，信仰是建立在有限证据基础之上个体的一种义无反顾的相信和投入。

第十三篇《内隐理性和外显理性》主要是区分理性的两种形式，即"外显理性"（Explicit Reason）和"内隐理性"（Implicit Reason）。其中前者属于字句、科学、方法、发展、分析、批评、证据、体系、原则、规则、法律和其它类似自然的东西；[14]而后者则是运用内在于我们的那些自发性的能量，如印象、内在的本能、一些模糊的记忆等。其中后者在人们的生活中具有关键性地位。也就是说，无论承认与否，我们的判断并不完全是理智思考的结果，而在很多时候人们的气质、性情、经验会对于人的判断起到决定性的作用。这种判断能力不是来自于抽象的理性思考，而是个人禀赋后天训练的结果，是不能为他人所分享的独特经验："一个事实对于整个理论就已足够；一个原则可以创造和支持一个体系；一个小迹象可以引发一个大发现。思维反复考量、喷出、迅速前进，成为一个格言，非常精妙而又丰富，令理性调查感到困惑。它从一点到另一点，通过一些迹象形成一种认识；和其它的结成同盟；然后又寻靠一些已经接受的律；接下来是占有证据；然后把自己交给一些印象、内在的本能、一些模糊的记忆；因此它的发展与凭借眼疾手快爬上陡峭悬崖的攀爬者并没有什么不同；通过个人的禀赋和实践，而不是规则，在他后面无迹可寻，不能够将其经验传授给别人。"[15]

总之，上述《牛津讲道集》中的四篇讲道基本上反映了纽曼在理性与信仰关系上所持的基本立场。即，理性与信仰属于不同的范畴，一般理性在论证信仰问题上有其限度。但是另一方面，信仰仍需要借助理性的推论，否则信仰就会陷入迷信的境地。为此，纽曼提出"内隐理性"的概念，而其对此概念的具体阐释以及基于这一理性为信仰进行的辩护则是在后来的《赞同的法则》中得以实现的。

---

12 O.S.,p.211.
13 O.S.,p.203.
14 O.S.,p.259.
15 O.S.,p.257.

第二节 《赞同的法则》中关于信仰与理性的论述

在牛津运动时期，纽曼对于"自由主义"坚决地反对。纽曼所反对的自由主义主要是指理性在信仰领域内的滥用，即以纯理性来理解对待他所认为的本应由圣经和教会教导的神圣启示。因此，纽曼对于教义，对于权威非常尊重。尽管如此，纽曼并没有完全放弃理性而陷入盲从和偏执。相反，理性一直是他个人追求信仰，以及为基督信仰进行辩护的最有力的工具。以理性为工具，探寻基督信仰的认识论基础，奠定基督信仰的知识地位正是1870年纽曼写作《赞同的法则》的初衷所在。

在纽曼的所有著作中，以《论基督宗教教义发展》和《赞同的法则》两本书最为艰涩难懂。[16]解读纽曼《赞同的法则》有三把钥匙或三个原则。

第一条原则是生命的原则。正如研究纽曼的认识论的卡洛琳（Cronin）所指出的，"生命是为了行动……生命对于信仰推论是不够的……为了行动，必须要有假设。那假设就是信仰。"[17]如果所有的人都去追随惠特利或是洛克或是维多利亚时代的科学家，那最终大部分人会陷入怀疑主义之中。"标准是理智的优选原则"。[18]而且，那种逻辑的，内在一致的推论方式不过是一种静态的接近真理的方式；而生命的原则采取一种动态的方式，是获取真理的另一种方式。

第二条原则就是"整个思维的推理"，而不仅仅是纯粹理智的行为。与亚里士多德逻辑学将纯粹的、普遍的理智作为推理的工具不同，纽曼认为个体的实在同样是推理中不可或缺的要素。在《自辩书》中，他就曾写道："推理的是具体的存在；经过很多年，我发现我的思维到达一个新的阶段；为什么？因为整个人都变了；写在纸上的逻辑不过是对这种变化的记录而已。"[19]纽曼所认为的"整个思维"不仅包括理智，还包括了偏见，外在的影响，以及最为重要的人的意志的要素。他曾经在致威尔伯福斯（Wilberforce）的一封信中，这样写道："思维的表达和象征是不能等量齐观的；很明显，推理为意志留有余地。……再没有比那些不愿意听的人更耳聋的人了。"[20]一种好的意志，会让人作出正确的道德抉择，会让人获得那纯粹理性所不能获得的标准而使人

---

16 E.D.Benard,*A Preface to Newman's Theology*,p.159.

17 Dis.and Arg.,p.295;Cronin,op.cit.,pp.33-39.

18 Cronin,op.cit.,pp34.

19 Apo.,p.264.

20 Word,Life,p.269.

免陷于怀疑主义之中。在此，纽曼与康德是非常接近的，因为后者也强调道德理性的重要性。

第三条原则是理性应该是与人的实际生活发生关系的理性，而不是那种抽象的理性。纽曼认为那种经由抽象理想推论出的所谓本质对人的生命和生活并没有多少实际意义。他更倾向于个体和具体的事实。当时英国的不可知论和无神论都具有经验主义的性质，纽曼对于理性的认知同样会受到这种经验主义传统和氛围的影响。如果说 13 世纪的托马斯·阿奎那是以演绎为基础来作为思考的起点的话，那么 19 世纪的纽曼肯定就是以归纳和经验作为思考的起点了。[21]

一、命题与对命题的把握（Apprehension of Propositions）

（一）命题的性质

与同时代的人一样，纽曼也遵从以一系列的命题陈述的形式来谈论天主的启示。但同时，他也意识到，对于基督宗教观念性质的理解应该更为深入，应该更多考虑到天主自我传达的历史性，注意从历史、具体的视野去理解启示和基督宗教观念，仅仅从命题陈述的角度去理解是远远不够的。在《牛津讲道集》的第十五篇中，纽曼就已经提到过，天主的启示既是观念又是印象。在《哲学笔记》中，纽曼曾对人的思维的理解活动进行过充分的描述，他指出，最后摆在人的思维面前的一定是判断（judgement），"而不仅仅是一种对目标的单纯把握（simple apprehension）"。在纽曼早期的著作中，他并没有严格区分"判断"与"命题（主张）"，两个概念他都交替使用。纽曼的这种不确定的态度，很可能是他也意识到"命题"这种表述更多是一种明确的言语陈述，但在讨论"真实的赞同"时会涉及到一种本能，这种情形之下，也许用判断会更恰当一些。

对于纽曼而言，无论是对于具体事物还是对于一般概念的认知把握，以判断的形式对它们进行把握都是极正常的一件事，借用瓦格拉维（Walgrave）的话而言，判断就是"思想的最终的单元"。[22]在《赞同的法则》中，纽曼重点是讨论那种明确的命题而不是判断。同样根据瓦格拉维的理解，一个命题就是有三个法则构成：某物被指称的逻辑主语，关于所指称对象的谓词，主语与谓词的连系。[23]

21 Ward, *Ten Personal Studies*（London，1908），p.252.

22 Walgrave, *Lectures*,pp.112,189.

23 Walgrave，*Lectures*，pp.112.

（二）把握命题的方式

《赞同的法则》的第一章的题目就是"把握命题的方式"，内容主要就是讨论把握命题的方式。语言作为人类思想的反映，并且采用命题的形式，对命题的分类，可以分为三类：疑问命题，条件命题和绝对命题。这三种命题分别对应于人内在的三种理智活动：怀疑、推论和赞同。纽曼的这种分类可以视为是对亚里士多德关于理智活动分类的回应，后者认为人的理智主要有三种活动：单纯把握、判断和推理。对于纽曼而言，他要关注的中心是那些与具体事物具有意义的命题，他最关注赞同以及与赞同有关系的推论，至于怀疑，则根本不予考虑，因为在他看来，赞同和推论的问题尚且没解决好，怎么可能去谈论怀疑呢？[24]可以说，在此纽曼与笛卡尔的路径是截然相反的，后者以怀疑作为自己哲学建构的起点，而前者则以赞同作为起点。

（三）真实的把握与概念上的把握（Real Apprehension and Notional Apprehension）

对于纽曼而言，把握一个命题只要抓住谓词就够了，因为对于主词，人是不可以知道的。例如"贸易是交换货物的活动"，其中主词贸易仅仅为谓词提供了一个谈话的范围而已，主词自身并无实际的内容。如果一个谓词代表的具体的事物，指向明确的对象，那就称这种命题为真实的命题，对这种命题的把握也就是一种真实的把握。相反，如果谓词代表的抽象的事物，指向作为概念的对象，那这种命题就称为是概念的命题，对它的把握也就是一种概念上的把握。举例来说，"人是动物"是一个概念命题，而"菲利普是亚历山大的父亲"就是一个真实的命题了。[25]

不仅对不同的命题的把握会存在真实的把握与概念上的把握的区分，即使是对同一个命题，也会存在真实的把握与概念上的把握的交换理解。因为不同的人因个体经验、认知的不同会对同一命题产生不同的把握，例如"罗马是一座美丽的城市"这一命题，不熟悉罗马的人对它只能有一个概念上的把握，而熟悉对罗马有感情的人则就是一种真实的把握，在他脑海中会浮现出一幅真实生动的罗马城的画面。[26]

对于这两种把握的区别，纽曼这样写道：

---

24 G.A.,pp.11-12.
25 G.A.p.13.
26 Walgrave, *Lectures*, p.103.

这就是把握的两种方式。命题术语可以代表事物也可以不代表事物。如果代表事物的话，那它就是特殊术语；否则它就代表了概念，属于一般术语。特殊术语来自于经验，一般术语来自于抽象。对于前者的把握，我称之为是真实的把握，后者则称之为是概念上的把握。[27]

纽曼认为，真实的把握比概念上的把握"更为生动和有力"。真实的把握一定是与个体生命与具体事物相遇的结果。这种把握会调动个体的情感和激情，而这是通过单纯的概念上的把握所无法实现的。[28]对此，纽曼这样写道：

这里我们就有了两种思想方式，它们都运用同样的语言，有同样的源头，但是结果却绝然不同。感觉是两者共同的内在基础；但一方面我是从内部来把握对象，另一方面我们则是从外面看对象；一方面我们是通过形象来了解它们，另一方面我们则是将它们转换为概念。[29]

真实的把握需要情感、想象和个体的卷入，而概念上的把握则不需要。对此，瓦格拉维将后者称之为是"旁观"，后者则是"参与性"想象。在真实的把握中，尤其是当这种理解关涉信仰时，更需要这种"参与性"想象。

尽管纽曼强调真实的把握，但是同时他也认为，无论是真实的把握还是概念上的把握，都不能独立地在理智中发挥作用：

每一命题的应用都有它的优越之处和服务于特定的目的，但同时也都有各自的不完美性。概念上的把握具有思维的宽度，但有点浅；真实的把握比较深，但思维却有点狭隘。后者是知识保守的原则，前者则是推动知识进步的原则。没有概念的知识，我们只能围着一块很小的知识打转；没有对具体事物的把握，我们也只能是在白白浪费我们模糊的沉思。[30]

观念，就其性质而言，都源于人的感觉经验，然后都会或多或少地进入到思维中存有论和逻辑论的层面。所以，在实际中，这两种把握方式是一种相互补充和配合的关系。把握就是感觉与理智共同作用的结果。但是对于像纽曼这样的实在论者（realist）而言，他会更加强调存有论的方面而非逻辑的

---

27 G.A.p.22.
28 G.A.,pp11-12.
29 G.A.,p.29.
30 G.A.,p.34.

方面。因为在他看来，与概念上的把握相比，真实的把握来自于个体经验，会在更大程度上与个体的真实存在相关。所以，纽曼还是更愿意将真实的把握置于优先的地位。他这样解释道：

> 但是，与观念上的把握相比，无论是在范围还是在结果与检验方面，真实的把握都会处于优先地位；人的思维越是完满，它的上述方面就越是丰富，它的定义就越是实用。[31]

二、赞同（Assent）

（一）赞同的性质

纽曼《赞同的法则》关注的中心问题就是"赞同"，该书讨论的一切问题都围绕这一问题展开。其中，纽曼对赞同有不同的表述，如"对命题的无条件的绝对接受"，"思维对命题的绝对支持"，以及将一个命题"默认"为真等。[32]

1、赞同一般先于推论

纽曼认为，推论只是一种对于命题的有条件的接受，而赞同却是独立于假设或先在的观点，它通常先于判断。换言之，对于一个命题，人们先是赞同这一命题，然后才是开始去考虑、思量这一命题及它与其他命题的关系。

2、赞同的无条件性

纽曼认为，赞同是绝对的，赞同意味着无条件地接受一个命题为真。在此，纽曼与洛克不同，洛克认为人的赞同的程度取决于证据的多寡，而纽曼则认为赞同是一种独立的心智行为，赞同本身是"独一的、不可分的"，"我们讨论真理的程度，同时也就是在讨论赞同的程度。"[33]在纽曼看来，一个人即使是对于有限的证据，即使是对于一种"或然性"命题，甚至也可以给出绝对的赞同。所以，那些所谓的"有条件的赞同"，"理性的赞同"，或"犹犹豫豫的赞同"等等，实际上表达的并不是赞同本身，而只是"赞同的环境"而已，赞同是一种无条件的理智活动。纽曼对于赞同的理解，与阿奎那关于本体论意义上真理的定义是一致的，阿奎那认定所谓真理就是思想与事物相合。真理的意义实际上与实在是相一致的，人赞同了真理，也就把握了实在，

---

31 G.A.,p.30.

32 G.A.,pp.13,16,14.

33 G.A.,pp.159-164,174,38.

"赞同的目标是一种真理"。[34]换言之，我们通过我们的赞同而知晓实在。在《赞同的法则》中，纽曼这样写道：

> ……客观的真也就是主观的真，赞同可以成为是洞察，对一种标准的确信，确定一个命题为真，或是对事物的知晓，获得事物的知识，赞同就是知晓。[35]

3、赞同可以无意识地发生

纽曼认为，对于一个命题的赞同行为，可以是无意识地发生的。也就是说，一种赞同并不需要对赞同的理由进行精致的、有意识的审查，甚至不需要意识到赞同行为本身，赞同是一个自动的行为。

但这并不意味着理性判断并不重要，事实上，纽曼认为理性对于赞同行为还是很必要的，"我怀疑是否会有赞同，如果没有那些代表一种理性的初级的信息的话。"[36]

赞同之所以会在有的人那里自动发生，并不是其中没有理性的参与，而是说这个人可能忘记了他的理性，或没有诉诸于理性，或者理性只是以形式的方式对他发出指令。在上述情形之下，赞同称之为是简单的赞同。与这些简单赞同形成对比的，则是"复杂的"赞同或"反思的"的赞同，它代表了一种有意识的、成熟的心智行为。

4、赞同是整个人的卷入

赞同不同于推论，它会更多地注意到人的意志和精神因素的作用。赞同行为是整个人的卷入，包括他的理智和意志。所以，赞同不仅仅是理智上的认可，它还涉及到人的心智的各个层面，包括理性和非理性的各种因素，是人的知、情、意综合作用的结果，它会将整个人的实在与对象的实在以及真理的实在联合在一起。

（二）真实的赞同与概念上的赞同（ Real Assent and Notional Assent ）

与命题把握一样，赞同也存在两种方式，分别是"真实的赞同"与"概念上的赞同"。而且，这两种赞同方式与命题把握的两种方式是一致的，如果对一个命题把握是真实的，那么赞同也必然是真实的赞同，如果只是概念上的把握那赞同也就只是概念上的赞同。

---

34 G.A.,p.169.
35 G.A.p.128.
36 G.A.,pp.189,41,172.

　　纽曼将概念上的赞同划分为五种类型，分别是信念、相信、主张、推测和推论。所有上述赞同都指向对抽象的物件或精神创造物，而不是来自于对事物的生动的个人经验。在《赞同的法则》中，纽曼将这种赞同称之为是"对于抽象真理的梦幻般的默认。"[37]与概念上的赞同不同，真实的赞同是与真实的把握相伴随的一种赞同行为，它直接指向具体的实存或存在本身。

　　纽曼不仅对真实的赞同与概念上的赞同做出区分，他同时还注意到了两者之间的相互关系。他认为，这种区分不是绝对的，因为一些概念上的赞同可以转化成为真实的赞同。对此，纽曼举例说，一些重大的道德或实用性的真理，很多时候都是漂浮于社会表层之上的，尽管人们都在概念上承认这些真理。在此情形下，人们对这些真理的赞同就只是那种概念上的赞同，但是如果这些真理为社会大多数人把握，引起普遍的社会关注，成为改变环境和事件的力量，那么这时概念上的赞同就转化成为了真实的赞同。这种真实的赞同甚至会引起群众运动，由一种潜在的能量转化成为现实的力量。所以，真实的赞同不仅仅可以扩充人们的认知，而且它也是激发未来行为的一个持续不断的源泉。

　　另一方面，纽曼认为，概念上的赞同也不容忽视。纽曼认为，在同样的思维，同样的时间内，同一命题可以同时具有概念和真实两种表达。例如，神学一般是概念上的一种科学，它虽然不会像真实的赞同那样直接导致信仰的虔敬，但却是"很自然、很优越、很必要的"。[38]

（三）真实的赞同与宗教信仰的想象

　　真实的赞同与人的想象密不可分，人一般是通过想象和记忆中的形象来完成这种真实的赞同。对于想象在真实的赞同中的地位与作用，纽曼有一段经典的分析：

　　　　……尽管真正的赞同并不是理智固有的发动，它只是偶然性地和间接地影响到实践。它在它自身内是一种理智行为，其中对象以想象的形式展现在它面前；通过单纯的理智并不能导致行为，想象也一样，但是想象具有刺激内心的这种力量通向行为，这是理智所不具备的。真实的赞同，或者信仰，从其自身看，仅仅是一种赞同，并不导向行为；但是在它内有想象居住着，说明它可以对具体产生

---

37 G.A.,pp.42-73,78.
38 G.A.,pp.11,55,147.

作用，因为想象具有情感和热情的具体能力，通过这些非直接的方式使得真实的赞同得以启动。[39]

在此，需要对想象在真实的赞同中的地位与作用进行仔细的分辨。想象是否就可以等同于实在自身呢？纽曼的回答是否定的，即使通过想象获得一种非常清晰的形象，但那也无法保证它就反映了真实的存在。想象的结果并不等于想象的过程，想象只是把对象的形象带到理智面前，获得真实的赞同仍需要理智的参与。想象只能"强化"赞同，但它本身不会"创造"赞同。想象是要强化人对认知对象的"赞同"感，它并不具有裁断的力量。

在一些特殊的知识范畴内，想象具有独特的意义。对于一些命题真理，凭借单纯的逻辑分析和理智推论无法使人确信，在这种情形之下，想象的参与就显得必要了。通过运用想象，可以激发人的内在情感，这种情感的力量有时是使人确信的决定性的力量。对于宗教而言，人的良知经验中也包含想象的因素，通过运用想象，可以使人产生恐惧、希望、激情、自尊等情感，甚至可以使人经验到人格化的神圣存在。

三、标准（Certitude）

纽曼写作《赞同的法则》的神学目的就是要讨论信仰的标准问题。他试图说明赞同由启示给出的真理标准并不是不合理的。用哲学的话语而言就是，可不可以制定标准可以对那些通过严格的逻辑推论无法进行充分论证的命题做出解释。

纽曼所讲的标准不仅仅适用于受过教育的人，同时也适用于那些没有接受过多少教育的人。对于前者，标准意味着"我知道我所知道的"；对于后者而言，却不一定会意识到自己所知道的，但事实上，如最大多数的宗教信仰者，他们同样可以坚守基督信仰。纽曼称他们的这种标准为"有形的"或"解释性的"标准，因为那种命题并没有包含对于"自我"的认知，不是一种"反思的行为"。但这样并不是说这种标准没有理性的参与，而是说理性在这个过程中潜在地发挥着作用。

纽曼认为标准具有三个方面的性质，分别是赞同一个命题的客观真实性，无错性和拒绝变更命题。其中无错性是标准的本质属性。在纽曼看来，标准的对象是真理，而真理是不可以变的，所以只要是真理就总会是真理，同样

---

39 G.A.,p.89.

地，只要是标准就总会是标准，标准是一种"内在的确信"，虽然隐约存在但却很强大，它永远不会失败。如果标准不具备这一本质属性，却说我们有能力去认识真理就是相当可笑的一件事了。所以，纽曼断言：

> 很重要的一点，作为一个一般的规则，标准是不会错的；那种因标准而犯错的是很特殊的个案；也就是说，理智就是为真理而造的，它可以获得真理，而且在获得真理后，还可以保有真理，可以认知真理，同时保有那种认知。[40]

四、推论（Inference）

如前，纽曼认为推论只是对一个命题的有条件的接受，它能达到的目标只能是类似真理或貌似真实；而赞同则是对一个命题的无条件的接受，它的目标是真理。纽曼《赞同的法则》所要解决的核心问题即在于，如何实现对有条件的事实或结论的无条件的赞同，换言之，就是要跨越推论与赞同之间的"逻辑鸿沟"。为此，他提出了标准的概念，以此作为跨越这一鸿沟的桥梁，但标准如何实现呢？为此，他又提出了推断感的概念，认为推断感即是标准的实现。但推断感并不是一个孤立的概念，它与其他的一些概念"形式推论"、"非形式推论"、"第一原则"结合起来，所以必须先要对与之相关的概念进行分析。

（一）形式推论与非形式推论（Formal Inference and Informal Inference）

纽曼在《赞同的法则》第八章"推论"中对推论进行了分类，按照他的分类，推断可以分为形式推论、非形式推论和自然推论三种形式，其中前两种是他论述的重点。其实，早在《大学讲章》第十三篇中，纽曼已经提出了这两个概念，其中他所说讲的"外显理性"与"内含理性"可以分别对应于这里的形式推论和非形式推论。

1、形式推论

形式推论是为了满足人们追求普遍认识的目的的一种理智思维活动，它可以使人不断获得新的真理，同时也有利于真理和知识的交流与传播。形式推论包括了各种依靠语言和符号进行表达的理性演绎活动，它通过运用或大

---

40 G.A.,p.145.

或小的前提，经过一步一步的逻辑论证，以证明一个命题为真。形式推论方法的最完美的形式就是"亚里士多德的三段论"。纽曼将这种推理称之为是"言语推理"，与"心智推理"相对立。[41]对于形式推论在认知中的地位与作用，纽曼这样写道：

> ……它可以使我们与他人一起参与讨论；它提出观念、开阔视野；为我们勾画出思想的路线图；纠正反面的意见；它可以平息意见的分歧；决定我们的结论还可以走多远。[42]

2、非形式推论及其与形式推论的关系

形式推论是要借助语言进行表达的逻辑推理，而非形式推论则不必借助语言，它直接指向人内心发生的一切推断活动。所以，纽曼将前者称之为是"语言的逻辑"，后者则为"思想的逻辑"。[43]纽曼这样来解释非形式推论：

> 通过这种方式，我们可以对那些具体的东西进行确定……它就是一种或然性的累积，这些或然性相互独立，从那被重新考虑的自然和特定的情势之中生出；或然性过于精致以至无法分开，过于精巧以至无法对之进行演绎，数量、种类太多，演绎对之根本无计可施。[44]

非形式推论具有三个方面的性质。首先，它并不是要取代推断的逻辑形式，而是要与它一道参与理智活动；只是它不再是那种抽象，而是进入到真实的生命之中去。其次，这种推断过程多少具有"内含性"，思维并不是直接、完全地使用这种推断方式。最后，它的结论是有条件的，因为它也要依靠推断的各种前设。

3、形式推论的不足

尽管形式推论在理智活动中居于突出性的地位，但无论从它的起点还是从其终点看，它仍然是一种有限的工具。从形式推论的结果看，纽曼认为，对于解释具体的世界，逻辑仍然是一种不充分的手段。之所以不充分，是因为在面对真实世界的复杂与人的思想的实际过程时，逻辑并不实用。原因在于它所使用的工具是"言语"，从其科学性而言，它比较容易受制于抽象过程，

---

41 G.A.,pp.263-264.
42 G.A.,p.176.
43 G.A.,p.231.
44 G.A.,p.187.

它要依赖已经建立起来的清晰明确的术语和精确界定的内容。但是术语表述越精确，命题越抽象，距离具体实际也就越远。纽曼指出：

> 形式推论距离命题越近，就越抽象，但与具体实际的关系就越弱，它们的表达越是准确、理性、综合，越是有利于观念的交换，它们就越差地代表客观事物，换言之，它们就越是主观，越是概念上的而非真实的把握，——它们也因此越是更加符合推论的目的。[45]

从形式推论的起点看，它的目的是要保证它的前提。如果对形式推论的结论进行考察，会发现它是建立在一系列的理性推论基础之上的，这一推论过程的起点存在一个根本命题，这一命题无法被证实，它只能作为后面一系列推论的基础，被假定为是真的：

> ……当你去追寻一个观点的最基本的因素时，就会发现一个不可能被证实的最初的假定。[46]

这样一个命题就被称为是无需证明的自明的命题，在人的认知中，必须要有这样的命题，否则我们不可能去认识事物。纽曼称这样一些命题为"第一原则"，但它们与形式推论的前设并不相同，因为它们是从具体而来的抽象，而后者则是从抽象到抽象的产物。[47]

（二）第一原则（First Principle）

尽管纽曼并没有有意识地去建构自己的完整的神哲学体系，但是在其神哲学思想中却有一个"第一原则"贯穿其中，统摄纽曼神哲学中的启示论、信仰论、教义论、知识论等主题，成为其神哲学的形上基础。"第一原则"基本上渗透纽曼的所有作品，但纽曼对于它的论述主要还是集中于他的《英国天主教的目前地位》、《大学的理念》和《赞同的法则》几部著作之中。纽曼对"第一原则"存在及其在思想中作用的发现具有独创性的意义，正如瓦格拉维所指出的，"最具原创性的贡献……对于具体的认识论而言。"[48]

在《英国天主教的目前地位》一书中，纽曼对"偏见"（prejudice）和"第一原则"进行了明确的区分。前者是由各种理由（grounds）形成的，而后者

---

45 G.A.,p.172.
46 G.A.,p.268.
47 G.A.,p.175.
48 Walgrave,Lectures,p.35.

却在认知者身上自然而然地主动起作用。[49]也就是说，"偏见"为外部条件所限制和牵绊，而"第一原则"却具有完全的自足性。

同样是在《英国天主教的目前地位》一书中，纽曼还提到了"第一原则"具有潜在的特性。根据纽曼的理解，"第一原则"是一种"潜意识"的存在，当人们进行判断时，一般并不会意识到"第一原则"在起作用。[50]在《赞同的法则》中，纽曼提到了与"第一原则"的这种特性相反的另一个概念——"沉思"（speculation）。沉思是人的一种自我意识，是对于我们思维活动的一种严格监视，它是对于一种假设真理的坚定的、有意识的接受。[51]但是"第一原则"却隐藏于我们的本性之中，它们是观念的资源而不是观念的对象。[52]

在纽曼关于"第一原则"的理解中，最重要的一点在于肯定了它的个体性来源和性质。纽曼认为，一切"第一原则"都是来源于具体事件，是对于我们真实经历的归纳和抽象，"所谓的第一原则实际上都来自于具体经验的结论或抽象。"[53]例如我们通过以感觉印象为媒介而认识到超自我的实在，那么我们就会通过一个归纳的过程而获得外部世界的知识。[54]同样的，通过道德经验我们也可以获得一般的善恶观念。[55]，"第一原则"的这种特性是"表白"（profession）和"信赖"（credence）所不具备的。"表白"是"带有伪装，不具有认可之实在"的认可，[56]对于"信赖"，"不过是思维的工具而已，从未被思维完全吸纳过。"[57]因此，它们都是一种确信或主观认识，来自于社会环境，而并不是来于和实在相联系的个人的确定。

但另一方面，纽曼并不否认外部因素对于"第一原则"的影响。"第一原则"不仅受个人特性的影响，而且还会受到时代、国家、社会惯例和个人的历史和经历的影响。[58]这样就出现了两类"第一原则"：一种与个体、具体相联系；另一种则与公众、一般相联系。在"第一原则"的这两种来源中，前

49 Prepos., p.278.
50 Prepos.,p.284.
51 G.A., ,p.73.
52 G.A., ,p.277.,p.269.
53 G.A., ,pp.277,65.
54 G.A., pp.61-62.
55 G.A.,pp.64-65.
56 G.A.,p.43.
57 G.A.,p.55.
58 G.A.,p.270.

者仍居于根本地位，后者以前者为基础。若按照弗洛伊德的深蕴心理学理论，前者表达的是"本我"，后者不过是表达了一种社会中的"自我"而已。

总而言之，对于纽曼而言，"第一原则"的最终来源和本质特性就是人的个性。我们的本性、社会地位、个人禀赋、个人才识都不过是"第一原则"的表达而已。性格、气质、思维方式、实践态度、文化层次、个人背景以及其道德情形所有这些以及其他的要素都与"第一原则"的建立结合在一起。[59]

尽管"第一原则"在实际中仍然会存在真理与错误两种结果，但它却是比逻辑推理更有保证的选择。纽曼认为人们获得真理更多的是依靠"第一原则"而不是逻辑推演，前者较后者更具有优势。对此，纽曼写道："逻辑对于处理这些必不可少的第一原则是多么苍白无力啊！"[60]相反，纽曼认为人们只有依靠"第一原则"才可以达到真理：

> 在任何对于具体的探求中，人和人是不一样的，更不要说他们对于那掌控这种练习的原则的理性的可靠性了，这些原则都是个体性的，哪里没有统一的思维，哪里就没有统一的意见评估，而且证据的有效性不是被任何科学试验所决定，而是被推断感所决定。[61]

五、标准的实现：推断感（Illative Sense）

纽曼"第一原则"的概念是与"推断感"概念是紧密相关的，或者说，"第一原则"最基本的表现形式就是"推断感"。对于"推断感"，纽曼是这样来定义的：

> 它是一种推理能力，它能够控制自己的推理，不借助于任何语言和假设。这种判断和下结论的能力，当其处于完美状态时，我称之为推断感。[62]

（一）推断感的性质

1、推断感的存在是普遍性和差异性的统一

推断感具有普遍性，存在于所有具体的事物之中，无论是在化学、法律还是在伦理或宗教之中，推断感都是"同一不变的"；但是另一方面，其在具

---

59 G.A.,pp.270,277,364,367-369,413.
60 G.A.,p.272.
61 G.A.,p.413.
62 G.A.,p.353.

体事物中的分量和程度却有不同。[63]对于同一个人而言，其在不同的事物判断方面，具有不同的判断力、卓见或机智。因此，"有多少德性，便有多少种实用智慧"。[64]每一个人的推断感都表现为不同的"官能"。每个个体所拥有的推断感强度和纯粹性并不相同，真正的智力提高即在于推断感的加强和完善。推断感并不是在任何人身上都不会有差错的，因为作为"推断感"的行为的假设可能会建立在思想的错误因素之上，那就会导向错误。因此，人们必须借助于权威来匡正他们自己的推断感；因为权威就是人们推断感的过滤器，会使他们的各种错误得到净化。

2、推断感是"思"与"在"的统一

（1）推断感的对象

纽曼认为"推断感"是针对具体事物的一种推理能力，能够保证推理的有效性：

> 当逻辑不起作用时，人们就开始了个人的思考；那是他们对于他们思想中最初元素的诉求，那就是他们的推断力，以此反对其它的原则和判断。[65]

> 我已经说过，对于具体事物推理的有效性的唯一的、最终的判断受制于个体的推理能力，就是我所讲的推断感。[66]

因此，推断感是一种"实用智慧"，是针对个别情形做出的具体判断，是一种解决当前问题的能力。[67]它在生活中表现为"常识"，在建筑、机械、艺术等领域表现为"技巧"等等。运用"推断感"，无论是律师、法官、商人还是政治家都可以通过对情势的整个的个性的回应而达到各自的标准。

（2）推断感的主体

推断感具有个体性，它是对于个我"本性"的顺从。笛卡尔讲"我思故我在"，将"我思"作为"我在"的基础，强调了人作为精神性存在的本质，同时也强调了个我的主体意识。而"我思"同时又因"理性冲动"而具有不可遏止的怀疑精神，因此这种个我或主体是处于动态之中的一种存在。纽曼

---

63 G.A.,p.359.

64 G.A.,p.356.

65 G.A.,p.369.

66 G.A.,p.345.

67 G.A.,pp.354-5.

在论述推断感时，首先强调的一点就是推断感的个我性，是"我思"，"本性"既是"我思"的秉性，也是"我思"的对象：

> 我就是我，否则我便什么都不是。如果不从我所解答的那个观点上着手，我便不能对我自己的存在有所思考、研究或判断。我的各种观念都是假设，而我总是绕着圈子走的。我不得不自足，因为我不能把自己变成别的事物；如果我改变了自己，那便是毁灭我自己。我如果不利用我自己，便没有别的个体供我利用。我唯一要做的是确定我是谁，以便利用。如果我能够证明我所具有的任何性能都是处于自然的，便能够充分证明这些性能的权威性了。我所必须探求的，乃是我生存所依据的规律。我对于本分所应学的第一课，便是无论如何都要顺从我的本性上的法则；我最大的叛逆，便是不安于我的本性，而妄想为我所不能的事，不信任自己的能力，而企图改变那就是我自身的法则。[68]

（3）"思"与"在"的统一

纽曼认为，"我思"是统一于"我在"的，"我在"是"我思"的前提和基础，也许可以说是"我在故我思"：

> 如果我不能假定我是存在的，以一种特殊的方式，也就是说，具有一种特殊的心智结构，那么我就什么也不能探讨了，而且也不需要推理好了。我的人格，就是我的一切；这是我最根本的立足点，必须要假定如此；否则，思考便是一种无聊的消遣，不值得去麻烦了。我或者使用我的禀赋，或者依照一时的冲动而趋向外界，犹如随波逐流，完全忘记了自己；在这两者之间，并无中间选择。[69]

但是"我在"仍为精神性的存在，其机体表现为"我"的心智结构、人格、禀赋、官能等自足存在。这也就是说个人所获得真理具有一定的相对性。但是这并无意味着对于外界的全部否定，也不意味着心灵决断的恣意妄行：

> 并非人人具有客观真理这一事实并不足以证明它之不存在；同时，这也不是说，我们对于理性对象所加的联想和联系，可以不负责任。[70]

---

68 G.A.,p.347.
69 G.A.,p.347
70 G.A.,p.375.

也就是说，纽曼并不否认客观实在和客观真理的存在，也并非主张"万法唯识"、"我即宇宙"。实际上，纽曼的哲学大致介于主观唯心与客观唯心之间。这样就不会在认识论上走向休谟的怀疑主义和不可知论。

3、推断感是先验与经验的统一

推断感从其本源讲，来自于人的本性，是"一种内在的本能或感力"。[71]也就是说，"推断感"以我们内在的印象为特征，来自于比我们的意识和一般推理更深的资源。但另一方面，推断感凭借经验而形成，趋于老练。[72]它是直觉、本能、想象和长期而又复杂的经验的聚合。"推断感"虽然和直觉或人的"潜意识"有密切的关系，但是却不能等同于人的直觉，这种官能需要经过一定的"训练"才能实现其和谐统一：

> 不是通过一个直接的、简单的观察，不经意的一瞥，而是要经过一点点的累积，通过一个精神的过程，通过全面了解对象，通过对于许多部分观念的对比、集合、相互纠正、不断地调整，通过对许多思维的功能和练习的运用、集中和连接而得以实现。[73]

（二）推断感的运作

1、推断感是整个人的投入

在纽曼看来，推断感是人很自然的一种判断能力，只是与一般的形式推论相比，更为完美而已。所以，从根本上而言，推断感并不是与理性本身完全不同的一种理智功能，它只是一种为经验所加强的自然的判断能力，并不是硬塞进推理过程中的思维形式，它参与言语推理的全过程。在此过程中，需要整个人的投入，投入到实在之中去，需要调动人的全部精神要素，包括道德、理智、宗教、想象、认知、情感等等，只有这样才会找到标准，实现真实的赞同。

因此，推断感与推论是不一样的，推论只需要人单纯的观念上的把握就够了，但对推断感却不行，它是要对事物进行真实的把握，所获得的是来自整个人所有心智的无条件赞同，没有整个人的投入，如同圣经中那种"全心、全意、全灵、全力"的爱，这种赞同是无法实现的。

---

71 G.A.,p.358.
72 G.A.,p.344.
73 Idea.,p.151.

2、推断感来自于经验与实践

纽曼认为，人的推断感往往是与特定的主题联系在一起的，例如一个人通晓历史，但却对哲学一窍不通。每个人天赋不同，熟悉的知识范围不同，因而在实际中的感觉也不同，对有的主题会比较敏感，但对其他的可能反映就比较迟钝。除去天赋的因素，纽曼认为，这种感觉的差异其实说明人的推理能力仍有发展的空间。[74]所以，推断感可以被称之为是一种"获得性习惯"，经过后天的教育和训练，完全可以培养出这种优越的推断能力来。推断感不是来自于抽象的理论说教，而是来自于经验和实践，在此意义上，推断感属于"实践理性"而非"纯粹理性"。

个人要获得这种对具体事物的良好判断能力，只有去求助于一些智慧和别人的经验。对于后者，纽曼尤为重视，他认为别人的经验和智慧是"一种活生生的、现成的权威"，这种权威可以直接为个人思考个我、社会和政治问题时提供指导。[75]因为别人的经验就是指导一定主题的"第一原则"，在这里，纽曼事实上指出了第一原则的可交换性，或者说，对于推断感，存在互为主体、主体互换的情形，这对于现代伦理学的发展具有重要的意义。

3、推断感主动认知真理

纽曼认为推断感是一种积极主动的认知真理的方式，它的这种认知功能与思维的"预见"和"想象"有密切的关系。

纽曼所讲的推断感与非正式推论或内含理性一样，具有"内含"性，这是因为它是处于一般理性与标准之间，换言之，在一般理性与标准之间存在着一个界限（limit），这种推理过程就是由一般理性向标准的趋动。例如，从一个多边形可以画出一个圆，它的边一直在柔化，向圆趋近，那是它的界限；但是在与圆融合之前，它要消失，结果它就趋向圆，尽管永不可能完全实现，事实上永远无法超越那种趋势。在这个例子中，多边形只是趋向圆，圆是它的界限。对于人的认识也是同样的道理，纽曼在此提出了"预见"（foreseen）的概念：

> 同样的，对于一个真实或具体问题的结论也应该是来自于预见而不是事实上的获得；通过累积的前提的数量和方向进行预见，这些前提向它集中，结果是它们结合在一起，向它靠近远胜于它们之

74 G.A., p.341.
75 G.A., p.356.

间固有的差异，但又没有凭借它的主体性，和它所依靠的至少是部分理性的精致和内含的性质从逻辑上触及它。[76]

植根于"或然性"的"预见"反映了在认识具体事物时，"标准与内隐证据（implicit proof）之间的相互关系。"[77]"预见"隐约指向了客观实在，为逼近真实提供了可能。但要真正突破"界限"，实现由"或然性"向"标准"的质变，则要依靠"训练有素的想象"（trained imagination）[78]，运用这种想象，大则可以将宇宙从混沌中分辨出来，小则可以把夜色中人影与树影分辨出来。其大致的过程是，"汇总和合并各种证明为一个证据，"[79]通过想象力的扩张而跨越"界限"，达到"标准"。正如若望·希克（John Hick）的分析，尽管推断感无法获得清晰明确的观念，但是却拥有一个通过运用想象从而可以洞察整体并且赋予有限证据以神圣意义的作用。[80]

标准作为推断感的结果并不是一个"消极的印象"，事实上，如同良知一样，它依赖人的意志，是一个自由的行为。但这并不是说，在实际中，它可以主观武断地对各种证据任意取舍。纽曼并不是将标准视为一个形而上的僵化教条，他更愿意将它视为是一个伦理学的问题。这就涉及到了理智与责任的关系问题。纽曼认为，人寻求标准的过程就是自我发展、走向完善的过程，这一过程也是人忠于自己的本性、良知对自己负责的过程。事实上，这世界上并不缺少标准，但追寻标准、遵行标准，使标准进入自己的生命，过一种严肃生活的人却是少之又少。在此，纽曼就提出了一个非常深入的问题，即认知责任的问题，这尤其值得现代人深思。认知仅仅是为了满足理性的需要吗？没有良知参与的认知的意义何在？

4、推断感的道德意向

推断感在道德领域内的运作就是人之良知的存在。每个人都有一个良知，这也是纽曼个人的第一原则，也正是在这一原则的引领下，他才皈依了罗马天主教。纽曼不仅将良知作为宗教信仰的基础，而且他还认为一个人可以通过良知不断进步、走向自身的完美与至善。

---

76 G.A.,p.321.

77 G.A.,p.301.

78 G.A.,p.315.

79 G.A.,p.325.

80 Hick,*Faith and Knowledge*,p.81.

在自然宗教下，人会有羞愧和懊悔的感受，这其中就隐含了人对自我的谴责。也正是这种自我谴责，会使人产生进步的心，所以进步是人之本性的表现，人以推论和赞同为工具来获得知识，从而实现这种进步。所以，推断感并不仅仅会局限于认识论的范围内，它会进入到道德、宗教、人性等更为深层次的领域之中去。人通过对"自然事物"的洞察而认识到自己在世界中的"神圣责任"，正如纽曼所言：

> 我们怀疑、推论和赞同，目的不过是为了满全我们的本性；我们的责任不是要抛弃我们本性的任何功能，而是要让这些功能得到正确的运用。[81]

（三）推断感获得真实的赞同

推断感是判断推论上正误的"最后标准"。[82]它是人们获得"确感"的途径和保证。所谓"确感"，"乃是在一切具体问题上，主动地承认问题是真的。"[83]

推断感之所以能保证判断的真确性，在于以下几个原因：

首先，在命题言说和表达的层面上，推断感可以克服语言和对象，或者"能指"与"所指"的矛盾与冲突。无论是对于诸如形象之类的感觉对象，还是对于诸如宗教之类的思想对象，即使是对于同一最简单的认知对象，人们在表达时也会出现千差万别的情形。这表面上反映的是人的立场的不同，但在实际上却是因其"个人的特征"或"本性"所造成。[84]相反，植根于人之本性的推断感却可以克服"语文逻辑"的这种尴尬境地。与"语文逻辑"相比，推断感是一种"思想逻辑"，是人的"活心灵"的活动，心灵本身可以对具体形势中的各种暧昧因素"加以查究、说明、证实、剔除，或将它们化为比较简单的观念"。[85]心灵的这种活动根本不需要借助"语文逻辑"进行，"心灵不用语文便可以考虑它们，其过程是不可以分析的。"[86]也就是说，"语文逻辑"是一种分析的过程，其本身并不是自足的；相反，心灵的推断感则是一种整体的洞察和直观，其本身具有自足性，能够免于"语文逻辑"或"形式逻辑"的繁琐推论：

---

81 G.A.,p.7.
82 G.A.,p.359.
83 G.A.,p.344.
84 G.A.,p.373.
85 G.A.,p.361.
86 G.A.,p.361.

所以，推断感，是一种推理能力，或者是来自于一种天赋，或是
经过教育，或是其它的有过良好准备的头脑，在一切语文讨论和研究
工作的开始、中间和结束，在过程中的每一步骤都起作用。推断感乃
是其自身的法则，在它自己的判断之外，别无他求；而且它总是小心
翼翼、无微不至地从前因以至后果，关切着思想的全部过程。[87]

当然，纽曼在此也并不是要完全废除"语文逻辑"。因为首先推断感是对
于"语文逻辑"的一种辅助，是用"更精深而又有伸缩性的思想逻辑来辅助
语文逻辑"；[88]另一方面，在和别人交换意见时，"语文逻辑"仍然是人们所拥
有的唯一工具，尽管是一种不完美的工具。[89]

可以说，纽曼对于推断感与"语文逻辑"的对比，充分显示了他在"言"
与"意"问题上的深刻思考。这种思考非常具有东方哲学重整体、重内省的
韵味。作为语言学家和修辞学家的纽曼认识到语言和逻辑的局限和界限而避
免陷入语言的"魔障"的确难能可贵，其对于语言与对象冲突的分析，其对
于语言和洞察在通向知识真理和信仰真理中的不同地位的认识，应该对于研
究后来维特根斯坦的"语言哲学"具有重要的启发意义。而其哲学所表现出
的东方哲学神韵也为其哲学思考蒙上一层神秘的面纱。

其次，在思或推理过程的层面上，推断感可以克服一些基本原则与假设
的冲突。人们获取知识和真理基本上通过两种路径，一种是"推论"，一种是"赞
同"。但两者并不相同，"'推论'的过程多少是比较含糊的，而'认可'的情
形则比较明显确定"。[90]前者会使人滑入怀疑主义的泥潭，而后者则可以使人
获得"确感"。因此，纽曼说，"对于两者（赞同和推论——笔者），我宁愿坚
持认为我们应该从那相信一切让我们接受的事物开始，而不是从怀疑一切开
始。前者，似乎是获得知识的真正途径。"[91]

最后，在结论的层面上，推断感可以克服先天推理与或然性的冲突。纽
曼承认先天推理在诸如神学等领域内的必要性，但同时也指出神学上的推理
也是为超乎人类的能力和权威的所支持和保证的。[92]纽曼所要强调的是，在论

---

87 G.A.,p.361.
88 G.A.,p.359.
89 G.A.,p.362.
90 G.A.,p.350.
91 G.A.,p.377.
92 G.A.,p.383.

证事实时不能应用先天推理。[93]如果以先天推理作为认可的标准，那么"例外观念便成为绝对不可能的了"，这样在实际中先天推理就会与或然性发生冲突。对于事实，纽曼认为人们不能与之去争辩，相反却应该去接受它们，并从而去享受其所提供人们的，而其途径就是推断感，这就是推断感在人们认识世界和真理中权威性。[94]

总之，纽曼讲的"推断感"是一种介于情感与纯粹理智之间的心理活动。这样，纽曼就避免了陷入"唯理论"的泥潭，同时也避免了陷入"唯情论"的深渊，通过构建这样一种微妙的理性，不仅起到了护教的目的，而且也开辟了关于理性与信仰认识的新视角、新思路。

第三节　基督启示的知识地位

一、基督启示拥有知识地位吗？

哲学上的知识论是一门相当古老的学问，第一位真正把知识论视为哲学主要内容之一的哲学家是苏格拉底。柏拉图在其对话集中曾记录了苏格拉底关于知识的性质及其构成要素的论述，其中在《柏拉图全集》中的《泰阿泰德篇》中苏格拉底与泰阿泰德所谈论的问题就是"什么是知识"，这一问题因而也被称为"泰阿泰德问题"。按照苏格拉底的理解，"知识就是真正的信念"，换言之，信念是知识的第一个条件，知识首先必须是信念；但另一方面信念却不一定是知识。信念要成为知识还应该满足另外两个条件，即必须是真的信念，必须是能够得到完全证实的。

对于基督宗教而言，如何实现基督信念认知的合理性问题历来是神学家们孜孜以求的问题。从古代教父开始，神学家们思考的一个重要问题就是神学与哲学，理性与信仰的关系问题，而其实质就是要确立基督信仰的知识地位，为基督信仰做出理性辩护。早期教父作家们深受希腊哲学的影响，一般都坚持从希腊哲学出发为基督信仰进行辩护的立场。其中殉道者儒思定（Justin Martyr，约100-165年）认为基督宗教宣讲的基督就是希腊人讲的逻各斯，希腊哲学与基督信仰具有内在的一致性。亚历山大的克雷孟（Clement of Alexandria，约160-215年）则试图将斯多亚学派、柏拉图主义等希腊哲学结

---

93 G.A.,p.343.
94 G.A.,p.346.

合起来，为基督信仰进行辩护，他就坚持认为基督宗教同时也是一种真正的哲学。奥利振（Origen，约 185-254）在理解理性与信仰关系时，则表现出了对于理性的更多兴趣，他的思想也就包含了更为浓厚的理性主义倾向。早期教父的集大成者奥斯定认为，信仰与理性并不相互冲突，两者是一种相互交叉、相互包含的融合关系。进入中世纪以后，基督宗教的神学家们对于理性与信仰关系的认识，对于基督信仰知识地位的辩护有了更为长足的发展。伊利基纳（Johanes Scotus Erigena，810-877 年）是中世纪较早自觉运用辩证法来探讨神学问题的哲学家，他对于理性与信仰关系理解的独特性在于，注意从历史发展的角度来理解，在其中引入了一种动态、辩证的思路。经院哲学的早期代表人物安瑟莫（Anselm，1033-1109）提出了"信仰寻求理解"的著名论断，对天主存在进行了本体论证明，成为基督宗教神学由奥斯定向阿奎那发展的关键人物。11 世纪出现的经院哲学至 13 世纪的阿奎那那里发展到了巅峰，多玛斯·阿奎那著有《神学大全》，其中提出了天主存在的五路证明，其中他所利用的主要哲学资源就是亚里士多德哲学，从而对信仰与理性的关系做出了古典意义上最为全面的说明。[95]阿奎那对基督信仰的知识辩护产生了深远的历史影响，1879 年教宗良十三世（Leo XIII）发表《永恒之父》通谕（Aeterni Patris），将多玛斯神哲学定为罗马官方神哲学，而由此出现的"新多玛斯主义"则一直影响到 20 世纪中后期。

二、纽曼为基督启示知识地位进行的辩护

纽曼写作《赞同的法则》，讨论启示/信仰与理性的关系，根本目的就在于为基督信仰的知识地位进行辩护。之所以如此，是因为他面临两个方面的挑战。首先，启蒙运动以来，理性与科学的巨大进步对基督信仰的知识地位带来巨大的冲击。以休谟、康德为代表的激进的理性主义哲学家们对自然神学进行了猛烈的批判，结果就是更加严格的证据主义的建立。证据主义成为对基督信仰进行批判的强有力的武器，它认为基督信仰得不到论据的支持或验证，因而是非理性的和不合理的。基督信仰如果试图为自己的知识地位进行辩护，当然需要对这一问题作出回答。其次，作为基督信仰最广大信众的信仰的合理性如何从信仰认识论的角度进行解释，这一问题是始终考验着基督

---

95 翟志宏：《托马斯难题：宗教信念的认知合理性是否可能》，《世界宗教研究》，2010 年第 1 期。

宗教神学家的一个重大问题。如果仅仅是从信仰的角度来为之辩护，只能是自说自话，无法做出有力的辩护，早期教父作家特图良（Tertullian，约 145-220年）的"因为荒谬，所以相信"的观点大致可以视为这种理路的代表。天主教的神学家在回答信仰的确然性问题时，往往诉诸于一系列或然性的经验，但却缺乏认识论的基础。所以这一问题若不解决，基督信仰就难免陷入偏见和蒙昧的境地。上述两个问题可以归结为一个问题，即，在缺乏充分论据和论证的前提下，个人如何赞同一个命题如基督信仰的合理性？纽曼《赞同的法则》要回答的也正是这一问题。他认为，要保证基督信仰的合理性，首先必须要有"标准"，而标准的实现就是每个人的"推断感"，凭借这种推断感，即使所拥有的只是微薄的证据，但也可以运用"非形式推论"对信仰进行"真实的把握"，最终获得"真实的赞同"。

三、纽曼信仰辩护的特点

作为一名基督宗教护教士，纽曼坚持基督信仰的基本立场，他极力反对18 世纪的那种傲慢的理性和当时的科学不可知论（scientific agnosticism）。

但是纽曼又具有不同于其他基督宗教护教士的护教方式。他反对"光照论者"（illuminist）诉诸于情感来解决信仰问题的做法，相反，纽曼认为信仰必须是理性的而且是可以衡量的。他也反对天主教传统的护教方法，如经院哲学家们的"三段论"（syllogizing）做法。他认为这种做法无法触及到信仰的深层问题。他认为信仰是从生命中升起来的，信仰一定是与生命相关联的。而那种理性的论证无法创造出信仰来，也无法最终为信仰提供保证。总之，纽曼的护教方式既反对"唯情主义"，也反对"唯理主义"，避免走向极端，他在情感与理智相互融合的生命那里找到自己辩护的垫脚石。

纽曼护教仍然需要运用理性的工具。但在这一点上，他与其他的护教士仍然是有区别的。其他的护教士仅仅将理性视为一种工具，利用这一工具对于对手的各种理论进行批驳。但纽曼与他们不同的是，他要考量理性本身，以说明理性本身就具有导向信仰的能动和本能。为此，他区分了两种不同的理性。一种是纯粹的，非个人的理性。另外一种是"具体的理性"（concrete intelligence）。他的这种区分就如同柯勒律治区分"理性"（reason）与"理解"（understanding）的概念一样。需要说明的是，纽曼虽然进行了这种概念的区分，但是他却并没有以此为基础建立一种理论的体系。因为对于纽曼而言，他只关注那些吸引他的具体事件，然后表达自己的观点，他本人并无意去建构哲学的体系。因此后来的研究者并不将他归入严格意义上的哲学家的行列。

第四节　意义与影响

　　基督宗教启示具有多种表现形式，其主要表现形式包括圣经、教义和教会训导，它们共同表达基督信仰之观念。基督信仰观念不同于一般的哲学观念，因为它关涉信仰真理，关乎每个信众的得救。启蒙运动以来，基督宗教启示或基督信仰观念遭受严重的挑战，如何看待圣经中的各种神迹等或然性事件，如何协调教义、教会训导与理性的关系等，都成为基督宗教神学家必须要做出回答的问题，他们必须要对基督信仰观念的知识地位进行新的辩护。传统经院神学家们的解决之道是从基督宗教启示/信仰的命题入手，通过理性的逻辑推论为其知识地位进行辩护。但对纽曼而言，基督宗教启示并非一堆抽象的理论命题，它一定是与启示的接受者紧密相关，换言之，启示只有为信仰者真正得把握才是有意义的。为此，纽曼的思考进路不是始于哲学命题，而是由启示的对象即信仰者出发，在信仰与理性的幅度内，寻求基督宗教启示或信仰观念的认识论基础。他所关注的焦点并非启示之可能问题，而是人接受启示之所以可能、合理的问题，换言之，即使启示提供的只是或然性的有限证据，人接受它仍然是合乎理性要求的。因此，在纽曼看来，启示与理性的关系问题实质上就是信仰与理性的关系问题，只要确立了基督信仰的认识论基础，也就确立了基督宗教启示的知识地位。纽曼关于启示与理性的思考方式对后来的基督宗教神学家如普兰丁格、郎尼根、拉纳尔等都产生了重要影响。

一、普兰丁格的"无证据"辩护与纽曼的"有限证据"辩护

　　埃文·普兰丁格（Alvin Plantinga，1932），美国当代宗教哲学家，圣母大学哲学系教授，被公认为是"改革派认识论"掌门人，甚至被称为"当代北美的加尔文"。他的主要著作有：《上帝与其他心灵》（1967），《上帝、自由与罪恶》（1974），《根据：当前的辩论》（1993），《根据与适当的功能》（1993），《基督教信念的知识地位》（1993）。他的主要贡献即在于提出了新的知识论辩护方案，对基督教信念的知识地位提供了新的辩护，这就奠定了他在基督宗教护教学中的重要地位，使他成为当今不可绕开的基督宗教护教学家。

（一）恰当功能主义的认识论

知识论（epistemology）是指为了确定知识的范围及其获取途径而对其性质和条件进行考察的理论。知识论一般涉及两个问题：第一关于知识的来源、结构和条件；第二关乎知识的"可辩护性"，即信念及其所持有者如何保证这种信念具有可辩护性，如笛卡尔、莱布尼茨等理性主义者认为凡是由自明真理推论而来的信念就是可辩护性的信念，而如洛克、休谟等经验主义者则认为信念的辩护工具应建基于经验之上。根据当代知识论的观点，知识就是"被证明了的正确信念"，构成知识需具有三个基本条件，即它应是"可辩护的"，应该为"真"，应该是能够验证为真的信念。

传统的知识论和认识论关注人如何获得信念，重点放在人之思维的实际运作，而当代知识论则偏重对知识可辩护性，关注达到知识的程序、条件等。由此而出现"内在主义"与"外在主义"的分野，前者侧重于认知的主体和主观方面，后者则关注认知的认知机制、客观环境等对认知可靠、保证性的影响。普兰丁格属于外在主义认识论的代表人物，他对外在主义的贡献在于提出了"担保"（warrant）理论，根据这种理论，一种信念是否为真并不重要，只要它是有担保的，那么它就是合理的，就可以构成知识。

那么，怎样才可以说一种知识是有担保的呢？普兰丁格认为，只要满足三个条件，就可以说信念持有者的信念是有担保的或具有可辩护性。首先，需要保证信念持有者的认知机能在适宜的环境下运转良好，不存在功能紊乱的情形。其次，保证信念的"设计蓝图"以产生真确信念为"直接目的"。最后，保证设计蓝图是可以实现的。[96]普兰丁格的这种认识论被称为是"恰当功能主义"的认识论。

（二）A/C 模型

普兰丁格主张"恰当功能主义"的认识论目的在于为基督信念的知识地位进行新的辩护，以此来反击基础主义和证据主义对基督信仰的冲击。古典基础主义认为，只有那些"不证自明的"、"感觉明显的"、"不可更改的"才可以称之为是"适义基础命题"。以此而论，诸如"上帝存在"、"信仰上帝"这种命题，显然不满足上述条件，不能作为命题推论的"基础"，属于假命题。从知识论角度而言，这类命题没有什么意义，无法以之去判断真假。

---

96 Plantinga,*Warrant and Proper Function*(Oxford:Oxford University Press,1993),46-47.

普兰丁格所建构的基督信念知识模型称为 A/C 模型，即阿奎那/加尔文模型。他将多玛斯·阿奎那与加尔文的知识论思想进行整合，试图重新论证基督信念的合理性。普兰丁格认为，阿奎那和加尔文的的共同认识在于坚持人对上帝拥有一种自然的知识。如阿奎那认为在人的本性中，已被赋予一种能力，可一般地和隐约地知道上帝的存在。加尔文也认为人类具有一种自然倾向、本能、习性和目的，可以在不同的条件和环境下产生有关上帝的信念。

根据 A/C 模型，普兰丁格认为，人对上帝的知觉是自然的、普遍的，难于忘记、忽视或毁灭。有关上帝的知识内在于人类，是与生俱来的，"在母腹之中"。人对上帝的感应是人的一种倾向，这种倾向会在不同的环境中被某些条件或刺激所引发，产生有神的信念。那些可以唤起信仰的条件或境遇是多种多样的，如有罪、危机、感恩，以及意识到上帝与自己的亲密关系，意识到宇宙和大自然的奇妙等。

普兰丁格认为，人与上帝之间存在某种"神圣感应"（sensus divinitatis）。人对上帝的自然知识并不是由推论或论证所获得的，而是以一种更为直接的方式出现，它与人的感知、记忆和先天信念密切相关。例如人在实际生活的道德意识中，会不自觉地体验到"上帝正对我说话"，"上帝不允许我这样做"，"上帝宽恕了我"，"上帝值得感恩和赞美"等，可以看出，人不是通过抽象的命题获得关于上帝的知识，而是通过个我的生命体验直接经验到那位人格性的超自然存在。

由这种更为"直接"的认知机制所获得的关于上帝的信念，不需要经过逻辑推理就可以为人所接纳，因而完全可以作为"适义性基础命题"。以此而论，有神论者和宗教信仰者的精神并没有出现问题，相反，则是人的心智正常运作的结果。与之相对的是，非信仰者因为本身为罪恶所遮蔽，认知机制不能正常运转，所以才会出现对信仰者的种种偏见与误解。

对于普兰丁格而言，A/C 模型不仅适用于上帝信念这种基础信念，同时也可以将这一信念扩展至某些具体的信念、教义，如三位一体、道成肉身、基督复活、永生等。为此，他进一步提出了"扩展的阿奎那/加尔文模型"，这一模型的中心思想即为"圣经、圣灵的内在诱导和信仰"[97]。显然，在此普兰丁格已经意识到 A/C 模型可能陷入的主观主义的信仰险境，而以圣经、圣灵来

---

97 [美]普兰丁格著：《基督教信念的知识地位》，梁骏等译，北京大学出版社，第 271 页。

为信仰的外在与内在的合理性进行辩护，但这样一来，就使他的辩护走向了封闭，因为他将基督信仰作为了唯一的真理标准，并以此排斥与之不相容的其他标准，走上了反对宗教对话和绝对主义的道路，这也正是他作为福音保守主义者的局限性所在。

总之，按照普兰丁格 A/C 或扩展的 A/C 模型，基督宗教信念不是推论的结论，也不是建基于其他信念基础之上；相反，它是直接得来的，是基础信念。因此，基督宗教信念不需要任何其他的历史或命题证据的核对和证明，它"自显为真的"，它所表达的真理是自明的。

（三）普兰丁格的"无证据"论与纽曼的"有限证据"论

实际上，普兰丁格与纽曼面对和所要解决的都是同一个问题，即经验证据与宗教信仰的关系问题，他们共同的对手都是逻辑实证主义和证据主义。普兰丁格所运用的方法与纽曼也基本相同，都是试图通过扩大理性标准、放大理性尺度来确立基督信仰的知识地位，纽曼所使用的概念是"推断感"，而普兰丁格使用的概念则是"保证"，两者都将理性延伸至人内在的自然倾向领域。普兰丁格所得出的结论事实上是将纽曼的结论推向了极端，纽曼是认为有限的证据就可以保证基督信仰的合理性，但普兰丁格则断言，即使没有任何经验证据，基督信仰也是可证实、完全合理的。如果纽曼的宗教认识论可以称为是"有限证据"论的话，那么普兰丁格的宗教认识论则可以称为"无证据"论了。所以，普兰丁格的的观点可以浓缩为一句话："宗教信念无需证据"。[98]

二、郎尼根的"洞察"理论与纽曼的"推断感"理论

伯纳·郎尼根（Bernard J.F.Lonergan，1904-1984 年）为加拿大耶稣会神父、哲学家、神学家，被认为是 20 世纪最为重要的思想家之一。他的主要著作有《洞察》（Insight）和《神学方法》（Method in Theology），另外还有《恩宠与自由》、《心语》等。朗尼根承认自己早期深受纽曼思想的影响，早在学生时代，他就曾六次认真阅读过纽曼的《赞同的法则》。

（一）"自我体认"

纽曼其实所要面对的仍然是自康德以来的现代哲学的一个重要命题，即

---

98 张志刚著：《宗教哲学研究——当代观念、关键环节及其方法论批判》，中国人民大学出版社，2009 年，第 260 页。

主观性问题（subjectivity），或者说是主体转向，他所要做的工作就是在宗教信仰（religious belief）的幅度内考察这一问题。在牛津时期，纽曼坚守教义原则，他认为真理具有客观实在性并可以为人所把握。但是，另一方面，对于信仰而言，纽曼认为理性只是获取真理的一个部分，另外获取真理还需要个体发现自己完全地被卷入进去（engaged）。[99]纽曼知识论中的"第一原则"、"推断感"等概念都强调个体，但个体的经验却是千差万别，因此这种原则在个体中的的表现形式、来源、意义的范围以及应用的领域都会不同，所以纽曼的哲学更多地体现为一种"个人哲学"。[100]

《洞察》是朗尼根哲学认识论的代表著作，这部著作的根本宗旨就在于对个人的认知结构进行一种"自我的体认"（Self-Appropriation）。郎尼根所谓的"自我体认"就是主动去发现、印证、熟悉人的认知活动。所以，他所关注的首要对象不是"被认知的内容"而是"认知行动"，也就是说重心是作为认知主体的人。这正如纽曼在《赞同的法则》所进行的工作一样，纽曼对信仰的辩护和论证，并不是以信仰的具体命题如天主存在证明作为出发点，而是以人的信仰行为本身作为立论的基点，是要从心理学的层面为基督信仰寻求新的依据，当然他所借用的仍然是哲学的工具。

（二）认知结构的基本层面

郎尼根将人的认知结构归纳为四个层面，它们是：经验（experience）、理解（understanding）、判断（judgment）和抉择（decision）。

受多玛斯哲学的影响，郎尼根认为人都有一种"求知的渴望"，不过他将之称之为是"人的探求与批判精神"，正是这种渴望推动着人去求知、询问，以求达到理解，获得知识。这种求知渴望贯穿人的认知结构的四个层面，成为推动人认知不断深入的持续动力。

经验是指人的感觉和想象，这是认知的第一步。继而，人会对所经验的事物做出询问，问及"这是什么？"，人一旦从追问中忽然贯通地获得了"洞察"，知晓了一事物的意义，此时就已经进入了"理解层面"。这层面的活动包括对事物含义的领悟、形成概念，并做出公式表达。这种认知活动就类似纽曼讲的那种"简单的赞同"。但人会进一步追问，追问自己所理解的东西"是否属实"，从而引申出个人的意见，他开始反思自己所理解的意涵，经过一番

---

99 T.R.Wright,*John Henry Newman,a Man for Our Time?*（Grevatt & Grevatt, 1983），p44.
100 Dev., p.179.

权衡，最后再有所"洞察"，洞察到自己所理解的意涵是对还是错。这种洞察称为"反思洞察"，"反思洞察"的出现，使人踏入"判断层面"，在此层面上对一事物做出判断，对所理解的意义加以肯定、否定或怀疑。而一个人对一事的肯定或否定，也引申出人对事所采取的立场，此时他就进入了"抉择层面"，对一事物做出抉择，对它加以接受或排挤。这一层面的认知活动与纽曼讲的"真实的赞同"大致相当。

但上述认知的四个层面并不是一个简单的依次递进的过程，因为在郎尼根看来，每一活动都不能单独地被称为认知活动，需要相互之间的合作与配合。感官作用加理解作用，不能构成认知，因为还需要"判断"来判别所理解事物的真伪。另一方面，若徒有"判断"而无感官经验和理解活动，也不能构成知识，那只能是武断。最后，对一事物有感官经验、理解、判断，则不能不牵涉到个人对此事物所采取的态度，对它有所抉择，加以接受或拒绝。

在此，郎尼根有两点认识与纽曼相通。首先，在对待经验与理性关系上，他们都认为如果经验运用得当的话，这种经验本身就是合理的，这种经验也就是纽曼所讲的"非形式推论"。对于理性而言，它并不是经验的主人，相反只是帮助经验的一种有用的工具而已。其次，"抉择"与"赞同"一样并不一定是认识的结果，相反却可以作为认识的起点。尽管"抉择"在逻辑上而言是认识的一种结果，但在实际中也可能作为认识的前提和基础，正如纽曼所认为的那样，认知首先应该解决的就是"赞同"及与之有关的"推论"问题，而不是像笛卡尔那样将"怀疑"作为反思的起点。

（三）"洞察"与"推断感"

朗尼根所讲的"洞察"属于阿基米德式的洞察，是认知中出现的"戏剧性的刹那"（dramatic instance）。他指出，洞察这一活动包括五个基本特征：如释重负、豁然贯通、了悟于内、中枢"事""理"、融化于心。[101]所谓如释重负，是指洞察使人从询问的张力中松弛下来。豁然贯通则是指洞察是突如其来的通达。了悟于内是指洞察不是外在的感官知觉，而是内在的悟性作用。中枢"事""理"是指，洞察是具体事物与抽象理论之间的枢纽。融化于心是指被洞察的事理永远被把握。

---

101 关永中著：《郎尼根的认知理论——〈洞察〉卷一释义》，辅仁大学出版社，第 3 页。

质言之，洞察就是一理解行为，人藉著它而把握一事物的本质。这与纽曼所讲的"推断感"如出一辙，推断感也是通过有限证据把握无限本质的行为。纽曼有时也将这种推断感的结果称为是心智的"洞见"或"启悟"，心智有了这种启悟，就获得了一种将事物视为一个整体的能力，不仅可以获得全面的知识，而且还会赋予事物一种确定的意义，从而获得真正的知识。[102]

本章小结

纽曼关于启示与理性的论述，主要集中于他早期的《大学讲章》和后期的《赞同的法则》两部著作中。在第一部著作中，他提出了"外显理性"与"内含理性"的概念，在第二部著作中他又将这两个概念转换为"形式推论"和"非形式推论"、"第一原则"、"推断感"等概念。他认为，基督信仰和启示即使面对并不充分的证据，仍然可以通过个人内在的"第一原则"的发动"推断感"，可以获得对启示"真实的把握"，直至"真实的赞同"，因而基督启示和信仰是有"标准"可循的，它们是合理的，有保证的。这样，纽曼就为基督信仰和启示奠定了认识论的基础，为基督信仰与启示的知识地位做出了新的辩护。他的认识论思想对后来的郎尼根、普兰丁格等现当代哲学家都具有重要的影响。

---

102 [英]纽曼著：《大学的理念》，贵州教育出版社，高师宁等译，2003 年，第 132 页。

第四章　启示与现代科学和教育

第一节　神学与科学

宗教与科学都是人类文明的重要成果。在历史上，科学与宗教具有复杂的关联，并具体表现为对立、平行、互补、互渗等形式。长期以来尤其是在中世纪，科学都处于神学的支配之下，直到康德哲学为科学与神学进行划界，将科学从神学中解放出来，从此，上帝的启示只能属于神学研究的特有领域，不能再作为知识进行科学的研究。19 世纪科学取得了巨大发展，进化论的提出对于基督宗教的圣经启示提出了严重的挑战，基督宗教启示或信仰观念遭受哲学与科学的双重夹击。在此形势之下，基督宗教神学家必须对下面两个问题作出回答：第一，如何协调圣经启示与进化论的关系？第二，基督宗教神学作为探究上帝及其启示的学问，怎样正确对待它与科学的关系进而确立基督宗教启示观念在现代知识谱系中的地位？纽曼对上述两个问题都进行过深入的思考。

一、启示与进化论

（一）《论基督宗教教义发展》中的进化意识

七岁时，纽曼被送往由乔治·尼古拉斯开办的大伊林学校读书。在那儿，师从后来达尔文进化论的重要代表人物托马斯·亨利·赫胥黎（Thomas Henry Huxley）的父亲乔治·赫胥黎学习数学。另外，这一时期，纽曼还阅读瓦尔特·司各特的《真理的力量》，后来他在《自辩书》中承认司各特的思想对自己产生重大影响，其中一项就是"成长是生命的唯一表达"。在《论基督宗教教义发展》中，他对司各特的《真理力量》的结论曾有这样的回应，"但在此时，为了生存，它却必须改变，为了完善，它却必须要经常改变。"[1]所以，从纽曼少年的求学经历可以发现，他比较早地接受过改变、发展等进化意识，与后来的进化论者也有一定的渊源关系。

但纽曼第一次提出"发展"概念则是在1843年2月2日的一篇讲道中，其中他将发展作为一种道德的原则加以使用，对他而言，发展意味着道德、人格和精神走向完善的过程。但后来，纽曼将这一概念应用于基督宗教教义历史的理解中去。纽曼在1845年出版的《论基督宗教教义发展》中提出了教义发展理论。这部著作考察了基督宗教教义发展的历史，并提出了教义发展的基本理论和基本标准。其对于教义理解的最大特点在于突破了原来基督宗教一直固守的"圣味增爵法则"，所谓"圣味增爵法则"是指基督教早期教父作家乐林文味增爵的教义理解，认为那被启示的、宗徒的教义应该是"各时、各地、各人都相信的"。与之不同的是，纽曼在教义理论中引入了一种进化、发展观念，他认为基督宗教教义是基督宗教启示在历史中的实现，不同时代的教义构成一个连续的发展的整体，并趋向基督宗教真理的完满。

纽曼教义发展理论的一个重要特点在于，他用"生命有机体"的比喻来阐述基督宗教教义在历史中的发展。与经院神学家单纯的逻辑推理或形而上的沉思不同，纽曼将观念的发展视为是一种"有生命"的发展，观念只生活于能够接受它的理智之中。一种观念，刚开始时，它并不规定它未来的能力和范围，而且谁也不知道它是什么，更不懂得它潜在的意义和价值。所以最初，那只是很模糊的一个观念，它只能在试探中前行，"最后它终于沿一个确定的方向大踏步前进"。当它进入陌生的领域时，会与其他的意见和观念发生冲突，但最后它会战胜其他的观念，成为主导性、确定性的教导。但这还没有完，它会进入社会、政治等更大的领域，接受人的批评或支持，如果它足够强大的话，它甚至会改变公众意见，成为一种意识形态。总之，教义作为一种观念，它如果要为人所接受，那它就必须要进入世界，与世界中的各种其他观念碰撞、冲突，就如同生活在自然世界中的生物要经历自然选择的过程一样，教义的最终确立必然也是与各种异端学说、文化因素相互竞争最终胜出的结果，它会在试炼中产生、扩展，在战斗中完善、发展到最高的形态，

---

1 Dev.,p.40.

上帝并没有直接将教义启示规定出来让人接受，在一定意义上而言，教义正是自然、历史检验的结果，在此过程中，教义的表达与理解也会呈现多样化的状态。

但纽曼所理解的进化与发展与达尔文的进化论仍然具有本质的区别，可以说两者是"形似"而"神异"。事实上，纽曼在《论基督宗教教义发展》中只有一次使用了"进化"一词。纽曼所讲的发展并不是达尔文进化论所蕴含的"直向演化"、"变化"、"进步"等哲学原则，他所讲的发展是一种基于启示和传统的发展。他所认为的发展并不是"除旧布新"、"革故鼎新"，而是指由最初的"原型"的"流溢"，"种子"的破土而出，"神意"是发展的起点，同时也是其发展的终点、目标。在《论基督宗教教义发展》一书中，纽曼将教义发展比喻为有机生命，但是这种成长只能是同一有机体的内在潜能的日趋完满的实现。[2]因此，纽曼对于发展的理解，虽然也承认偶然性在发展过程的作用，但这种偶然性却不像进化论的主张一样成为影响发展命运的唯一决定因素。对纽曼而言，偶然性仅仅是作为发展的一种外在条件而存在，发展尽管有多种表现形式，但却"万变不离其宗"。

尽管纽曼的"发展"概念与"进化"概念有本质的区别，但他能在达尔文进化论提出之前，就已经以进化的意识和精神来论述基督宗教教义发展问题，具有开创性的意义。因此，纽曼这部著作完全可以与后来达尔文的《物种起源》相媲美，他个人甚至因此被称为是"神学上的达尔文"。

（二）达尔文进化论的提出及基督宗教的回应

1859 年达尔文发表《物种起源》一书，提出了生物进化理论，其所涉及的主要原则包括偶然性、竞争和自然选择。这样一些原则就对基督宗教信仰的基础本身提出了严重挑战，其对基督宗教的冲击力远比哥白尼和牛顿更甚。这是因为达尔文的进化论从根本上威胁到基督宗教整部戏剧，"达尔文主义对圣经关于人的独特性的创造、堕落以及救赎需要的全部叙述提出了挑战。"[3]达尔文的进化论同时也宣告了自然神论以自然静态力学模式为基础的牛顿式的设计论的失败，因为进化论表明，包括人在内的物种的创造不需要任何理性的计划，而只是机会和偶然事件的结果，这实际上就彻底摧毁了设计论论证。

2　Dev., pp. 107,177,179,359,395.

3　[英]詹姆斯·C·利文斯顿著：《现代基督教思想》，何光沪译，四川人民出版社，1999，第 455 页。

达尔文进化论的提出在英国引起宗教家和科学家之间的激烈争论，其中最为著名的就是"牛津论战"。1860 年，针对达尔文的进化论，生物学家和神学家掀起一场论战，即"牛津论战"。其中以自称为"达尔文的斗犬"的赫胥黎和素有"油滑的山姆"的威尔伯福斯主教之间的辩论最为人津津乐道，两人的辩论以赫胥黎对主教的羞辱而告终。

但是，另一方面，基督宗教也并未断然拒绝进化意识和进化理论，甚至还做出了一定的正面回应。其实，早在《物种起源》发表之前，时牛津运动的领军人物纽曼就曾正视过进化问题。尤其难能可贵的是，他的教义发展理论中就具有一定程度的进化论意识和精神。而且，在英国，当时还有相当数量的神学家也都承认达尔文的结论所具有的力量，他们很多都属于开明教会派或剑桥学派。

（三）进化论与圣经启示并不相互冲突

圣经是基督宗教信仰和教义的根本，圣经的一项核心教义就是上帝创世说以及人是按照上帝肖像被创造出来。因此，当达尔文提出人猿同祖、自然选择等学说时，就危及到这项基督信仰的核心思想，也必然引起基督教会的强烈不满，正如当时英国大主教曼宁所言，达尔文学说就是"兽性哲学，即没有上帝的存在而把无尾猿视为我们亚当的哲学。"[4]

纽曼与曼宁都曾同为英国国教会牧师，并先后都转皈罗马天主教。尽管在人猿同祖问题上，纽曼与曼宁立场并无二致，认为"人竟像猴子是很奇怪的一件事，在历史中两者并没有什么联系"。[5]但是，另一方面他并没有完全将圣经与进化论对立起来，而是试图寻求两者之间的统一性，这显然是他与曼宁的本质区别。

在 1870 年，作为保守的安立甘牧师爱德华·皮由兹曾致信昔日牛津运动时的战友纽曼，试图听取纽曼关于牛津将授予达尔文荣誉学位之计划的意见。对此，纽曼进行了回信，从中可以发现他对达尔文及其进化论的肯定。同时，需要指出的是，尽管纽曼先于达尔文而在神学中引入进化意识，但在达尔文进化论正式发表后，他基本上如当时的教会当局一样，保持一种沉默状态，上面如曼宁那样激烈反击进化论的毕竟还是少数。所以，纽曼在这封信中对于进化论的正面肯定的文字就显得尤为可贵了。其中，他这样写道：

---

4 钱时惕著：《科学与宗教关系及其历史演变》,人民出版社，2002,第 110 页。

5 A. Dwight Culler, *The Imperial Intellect*（New Ha-ven, 1955）,p.267.

　　　　这（达尔文的理论——笔者）明显与圣经违背吗？如果是的话，
那他就是在倡导反基督的理论了。对我个人而言，我并不认为它与
圣经相冲突。……它与有神论信仰相违背吗？我看没有。……圣经
与进化论冲突吗？难道亚当不是最早是从泥土而来吗？……达尔文
并不是故意地去反对宗教。我认为他应该像其他人一样得到荣誉学
位。[6]

　　当然，作为基督宗教护教士，纽曼不可能接受进化论学说所宣扬的"自
然选择"理论，因为那样会将上帝完全"悬置"起来；他要做的就是在不拒
绝进化论基本精神的前提下，用圣经中上帝"神意"的教义思想来为"自然
选择"理论重新奠立根基，从而为基督信仰的合法性寻求新的依据，为基督
宗教进行新的辩护。为此，他所使用的主要哲学工具是"或然性"理论。纽
曼最早从巴特勒主教那里获得"或然性是生命的向导"的思想，他认为信仰
真理可以建立在有限性证据之上。这种对于或然性的信任，与自培根以来自
然科学的"归纳法"有异曲同工之妙。而事实上，在纽曼看来，尽管进化论
仍然只是一种"或然性"事实，但他还是相信随着"或然性"事实的累积，
它将来可能被证明：

　　　　……单纯的科学的或然性的事实并不能说是与圣经的解释相违
背的。……许多或然性的事情最后都证明是错了。植物和动物生命
的进化是不能被证明的——但它们属于或然性，而这也并不妨碍其
将来能被证明。[7]

　　但另一方面，纽曼对这种建立在或然性基础之上的进化论最终是否会被
证实，又持一种谨慎的存疑态度：

　　　　普里查德博士试图证明人最早是由一对进化而来的。在我看来，
这的确是一个很好的推理。但它有一个缺点，就是将亚当作为了一
个黑人看。……这就说明我们基于一些或然性得出的结论是靠不住
的，随着时间的变化，有其他的或然性会重新推翻我们既有的结论。
[8]

6　L.D. vol.25.（Oxford: Clarendon Press, 1973）,p.137.
7　L.D. vol.30., pp.69-70.
8　L.D. vol.30., pp.69-70.

　　纽曼之所以对建立在或然性基础之上的进化学说持存疑态度，源于他认为进化学说本身存在逻辑的不足。1871 年，达尔文出版了《人类的系谱及与性的关系中的选择》（ *The Descent of Man，and Selection in Relation to Sex* ）一书，但当时人们对此书反应并不强烈。直到两年后的 1873 年，梅瓦尔特才出版《人与大猩猩》（ *Man and Apes* ）一书，对上述达尔文的著作进行批判。其中梅瓦尔特就指出不同的灵长动物之间的亲密关系是一种"网状"而非"阶梯状"的关系。纽曼对于梅瓦尔特的这种观点表示高度的赞同，他在信中写道：

> 　　我认为所有探寻的关键在于你根据古生物比较解剖学发现的灵长类之间的网状而非阶梯状的现象，相反，达尔文的假设是不能成立的。[9]

　　在此，纽曼所反对的达尔文的假设即选择的偶然性。这也就触及到达尔文进化论内在逻辑的核心所在。换言之，在他看来，从地质生物学的角度而言，岩石中化石之间的非连续性现象为进化论提供了反证，它无法对生物进化的连续性做出基于化石证据的严谨证明；另外，从哲学的角度而言，进化论也无法解决进化推理中"无穷倒退"问题。对于纽曼而言，生物多样性并不是自然选择的结果，多样、差异都是上帝神圣设计的结果，而且这种设计并不是自然神论那种静态的本质规定，而是上帝意志在自然中的不同表达、表现，看似偶然的选择实际上体现了上帝意志的必然。同样是在致梅瓦尔特的一封信中，纽曼继续写道：

> 　　我是说，在你看来，选择的差异性是看待不同物种差异这一现象的最终的解决办法。当然，选择不是偶然的。[10]

　　至此，纽曼可以明确表达自己的观点了。他的最终目的并非是推翻达尔文的进化论，而是要对之进行基督信仰的改造与转化，换言之，基督宗教恰恰可以弥补上述进化论逻辑上的不足。纽曼与生物学家圣乔治·杰克森·梅瓦尔特（St.George Jackson Mivart）有深厚的私人交情，常有书信往来。梅瓦尔特反对达尔文的自然选择理论，在 1871 年出版了《物种起源》（ *The Genesis of Species* ）一书，成为对达尔文学说批评者的领军人物。这本书直指达尔文学说的要害，令其胆战心惊，纽曼对此书曾这样评价：

9　L.D. vol.26., p.384.

10　L.D. vol.25., pp.137-138.

> ……它是一流的著作，它第一次真正发现了达尔文先生的学说
> 的逻辑上的不足，而这种不足恰恰是天主教可以对其进行弥补的。[11]

那么，既然纽曼认为天主教是可以弥补进化论的不足，他的理由又是什么呢？这可以在 1868 年 8 月 22 日纽曼写给 J.奥尔卡的信中寻到问题的答案。当时，奥尔卡正准备出版贝弗利批评达尔文理论的著作的第二版的工作。在这封信中，纽曼对贝弗利的书有较高的评价，认为这本书对于达尔文学说进行了细致的考察。这封书信最重要的价值还是在于纽曼对于达尔文的理论与基督信仰关系的调和：

> 对于神圣的设定，并不是一件不可思议的事，也不是无限的奇
> 异智慧；神圣设计在几百万年前就已给物质设定了规律，这完全可
> 以精确计算出来，在漫长的过程中，可以看见祂最初的影响。达尔
> 文的理论并不导向无神论，实际上也不会；它只是表达了一种更为
> 宽泛的神圣临在和计划的观念。……我并不认为"自然选择"是与
> 神圣设计不一致——它对我们而言意味着偶然，但对上帝却不然。[12]

在此，纽曼试图对进化论进行广义的理解，将其纳入到基督信仰的视野内进行关照，他认为进化论具有自然意义和神圣意义的双重维度。进化论所强调的偶然性仅仅对于有限存在的人而言具有意义，但是对于无限的超自然存在的上帝则毫无意义。因为上帝是永远的确然，在上帝内不存在偶然性。换言之，在纽曼看来，包括"自然选择"在内的自然秩序和演化都是上帝意志的体现，计划的实现。

事实上，纽曼的这种理解源于他关于自然与圣经关系的认识。同样是受到前面巴特勒主教的影响，他认为自然与圣经之间存在"类比"关系，或者如多玛斯·阿奎那所言"自然不是摧毁恩典，而是要成全恩典"，自然与圣经出于同一位创造者，两者之间存在同构性。

（四）进化论与教会意识形态

如前所述，达尔文学说尤其是达尔文主义对基督宗教带来巨大的冲击，涉及包括教义在内的整个基督宗教意识形态。在此意义上，进化论就被作为一种意识形态所使用，已经远远超出科学研究的范畴，正如后来乃至今天历

---

11 L.D.vol.25., p.446.
12 L.D. vol.25., p.115.

史所证明的那样，作为意识形态的进化论一度被人作为社会改造、改良的利器使用，成为社会的主流价值观，"科学"一词取代"宗教"等成为最高的意识形态。这种超出进化论本身的意识形态对教会意识形态的颠覆性作用是显而易见的。对此，纽曼采取的是冷静理性的态度，他并不完全否认科学意义尤其是作为科学意识和方法的进化论，但他却反对泛化为社会意识形态的进化论，他的理由是科学与宗教有各自的研究领地，如果以进化论去否定整个教会意识形态，那就是科学超出了自己的范围，属于科学的僭越。纽曼在1884年5月写给梅瓦尔特的两封信中曾隐约指出宗教与科学的界限，科学以及进化论不能简单否认圣经中诸如奇迹等现象，那些现象只有通过基于教会的立场，凭借信仰才能理解。其中，纽曼这样写道：

> 许多天主教作家都对奇迹是否是可能，或是可以进行讨论的这一问题视而不见……他可以有很多理由对一些稀奇的事做出解释，但是如果他公开宣称不从信仰那里去寻找答案的话，我想下面也没有什么好谈的了。[13]

就在前一天5月8日的信中，纽曼也提到：

> 科学家门应该知道他是不可能证明奇迹是不可能的，但他却还以此来反对天主教，似乎那是真理所最最需要的。[14]

显然，纽曼作为护教士的基本立场是要维护教会的权威，他的基本依据是科学自身有其边界和局限性。对于诸如奇迹、宇宙起源等问题，科学没有办法用经验的办法进行测量和证伪。这些问题都会涉及到超验世界或形而上学的问题，哲学或宗教可以为之提供一种可能的解释。纽曼对于科学挑战教会意识形态的做法非常不满，尽管他承认进化论与圣经启示并不冲突，但他却仍然坚持教会意识形态在创造论、宇宙论和人生论中主导性地位。在他看来，科学与神学本来相安无事，如果双方都随意侵入对方的领地，就会起冲突，产生矛盾。对此，他曾在1874年4月4日致神学家大卫·布朗（David Brown）的信者中，这样写道：

> 毫无疑问，神学家现在被科学搞混了——科学现在正通过搞混神学而报复。和你一样，我也同样认为进化理论与全能的造物主和保护者并不是不相一致的；但却有人蔑视我们，视我们为迷信，正

13 L.D. vol.30., p.360.
14 L.D.vol.30., p.359.

是在此点上，科学与宗教发生了冲突，他们进而认为宗教中没有什么真理。[15]

（五）纽曼进化意识的意义与影响

1、带来对现代英国神学/宗教与科学关系的新认识

近代以培根为代表的哲学家提出了科学与神学独立的认识；至17、18世纪的自然神论者，则以神学主动去迎合、适应科学，试图构建具有科学气质的神学理论。可以说，在18世纪，尽管也受到康德哲学的影响，但在实际上科学仍然是神学的工具，还没有走向对立。两者之间的这种同盟关系一直持续到19世纪中期达尔文进化论提出以后，达尔文进化论使得科学与神学在实际上已经分道扬镳。

纽曼进化意识的意义也正是在此背景之下得以凸显。他先于达尔文首先在基督宗教教义理解中引入进化意识，提出教义发展理论。在达尔文进化论被正式提出后，他又对之进行谨慎的肯定，在对这种学说进行批判性分析的基础之上，试图调和它与圣经信仰的关系，认为进化论与圣经并不相互冲突，基督信仰甚至可以弥补进化论本身的逻辑不足，自然与圣经共同构成上帝启示的"两部大书"。与自然神论一样，纽曼的出发点仍然是为基督宗教进行辩护，但所不同者，自然神学所理解的创世论或设计论基本上是一种静态的神学理解，而纽曼的理解则在传统的基督宗教神学中引入了进化论的因素，从而实现了设计论与进化论的有机共构和统一。这样，纽曼就为基督信仰做出了新的比较有力的辩护。但这种辩护却带来更为重要的意义，因为纽曼的这种努力实际上试图在修复19世纪业已破裂的神学/宗教与科学之间的关系，而且更为难能可贵的是，他对于神学/宗教与科学之间的关系也多有理论上的阐述。其基本的观点包括：科学与神学分别代表了两种不同的真理形式，两者既相互独立，又相互交叉等等。[16]纽曼的这些认识，即使对于今天人们讨论神学/宗教与科学之关系，仍然不乏启发意义。

2、罗马教会接纳进化论

进化论问世以来，就对罗马天主教会带来严重的挑战；另一方面，罗马

---

15 L.D.vol.27., p.43.

16 [英]纽曼著:《大学的理念》，高师宁等译，贵州教育出版社，2003年，第246-263页。

教廷对这种挑战也有积极的回应，从而体现了其对科学进步的宽容态度和"跟上时代"的精神。

教宗碧岳十二世（Pius XII，1839-1958）在1950年说："教会训导权并不禁止'进化论'的学说，即对人肉身的来源，从现已存在的生物原始，著手研究。至于人的灵魂，即公教信理，命令我们坚信：她（灵魂）是由天主直接创造的……"（DS 3896）。教宗保禄六世（Paul VI，1963-1978）于1968年6月30日所颁布的《天主子民的信经》中，亦提到："……祂也是我们每个人内精神的和不死的灵魂的创造者。"

1992年10月，教宗若望·保禄二世为360多年前遭教廷终生监禁含冤而逝的意大利伟大科学家伽利略正式平反。时隔4年，1996年10月在纪念宗座科学院成立60周年的学术讨论会上，教宗若望·保禄二世又正式承认进化论，认为宗教与科学两者并不相冲突，两者都代表了真理，"真理并不与真理相冲突"。在此，似乎可以听到中世纪阿奎那提出的信仰与理性并行不悖的"双重真理"论在当代天主教神学中的悠远回响。

3、进化意识成为现代天主教神学的重要特征之一

纽曼之后有两位重要的天主教神学家德日进和拉纳尔在其神学构建中同样具有浓厚的进化意识。

德日进将神学、哲学与现代科学结合起来，创立一种被称为"基督教进化论"的理论，把宇宙进化分为物质化、生命化和人化三个阶段，对传统神学中的宇宙的起源和"人的现象"问题加以科学的解释，从而为基督教教义和信仰做出了适应现代科学精神的辩护。他也因此被称为"20世纪的托马斯·阿奎那"，甚至被称为"保禄再世"。

在天主教另外一位神学家拉纳尔看来，由上帝创造的灵魂可以看成是存有物藉本质的自我超越（essential self-transcendence），灵魂的自我超越乃是走向绝对、唯一、精神的、个别的存有物，即上帝，绝对第一因（absolute first cause）。拉纳尔在其先验神学中，肯定了人自我向上帝敞开的先验性，人超越自我的过程也就是走向上帝的过程，也就是促进世界发展的过程，"这种自我敞开的先验性使人可以接受上帝在耶稣基督身上所展现的自我启示，从而使世界保持向前发展之势、使人类得以不断进化和进步。"[17]

---

17 卓新平著：《当代西方天主教神学》，上海三联书店出版社，2006年，第217页。

可以说，从纽曼到德日进再到拉纳尔，"进化"的精神构成了他们神学的重要特征。这也表明神学在向现代转型时期，对于科学和人类学的借鉴与吸纳，表现了其开放之势、包容之姿。当然，三位神学家的侧重又各有不同，如果说纽曼更侧重于启示的话，那么可以说德日进更侧重于自然，而拉纳尔则更侧重于人的内在精神。由此，三者基本上可以构成综合天、地、人"三才"，而又具有"进化"之灵动的神学景观。这既是现代科学发展在基督宗教内的直接或间接反映，同时也是基督宗教主动适应其发展的神学反思与建构。

二、神学与科学

（一）神学与科学并不冲突

19 世纪初期的英国，随着科学上进化主义的盛行以及大学教育的日益世俗化倾向，社会上普遍认为宗教与科学是相互冲突的，这就必然导致传统的神学科目在大学教育中被边缘化的境地。针对于此，纽曼在都柏林大学担任校长时期，多次发表演讲，强调科学与宗教并不相互对立冲突。其理由主要有：

首先，神学与科学的研究范围不同。纽曼认为神学和科学属于两种知识，分别是超自然知识和自然知识。自然科学是关于物质的哲学，而神学所思考的却是心灵世界而不是物质世界，其所研究的对象是心智、灵魂、良心和义务，上帝的存在和神意。神学家和科学家各自有自己的研究领地，获得自己关于超自然或自然世界的知识。因此，神学与科学是相互分离的，这可以使两者相安无事而不至于发生冲突。

其次，神学与科学所运用的研究方法不同。纽曼认为神学与科学两者在推理和研究的基本方法上的根本对立。神学采用的方法是演绎法，而科学采用的方法是归纳法。[18]正是这种区别，而导致自然科学是试验性的，是面向未来的；而神学则是传统性的，是忠于过去的。纽曼尤其强调的是两者不可互换使用，过去是神学曾不恰当地去干涉自然科学的领域，而现在则是科学方法对于神学的入侵，两种情形都会带来对于神学和信仰的损害。纽曼曾这样慨叹道，"还有什么比神学更神圣的？还有什么比培根式方法更高贵的？可是这两者无法呼应，无法匹配。"[19]

18　《大学的理念》，第 254 页。
19　《大学的理念》，第 258 页。

最后，真理并不与真理相冲突。尽管在理论上、总体上而言，神学与科学并不相互冲突；但是，在实际上，却存在大量神学与科学冲突的现象和事实。那么如何对此作出解释呢？纽曼认为这种冲突只是一种表面的冲突，而非根本性的冲突。理由是，科学与神学一样都是探究上帝真理的学问，其研究的起点和目的都指向上帝。之所以造成两者的冲突，原因是由于两者所运用的思维方式不同，有时也会受到外在的条件变化，人的主观意见的影响等等。总之，这是受人的认识的有限性制约的结果；但这并不能影响绝对真理的统一性。神学与科学分有了绝对真理的一定属性，它们拥有共同的真理，只是表现形式不同；因此，从长远看，两者不会也不应该是相互冲突的。

（二）神学与科学的交叉

诚然，纽曼认为科学与神学代表两种不同的真理形式；但是，他并不认为两者是一种完全的平行关系。他认为，两者既相互独立，又相互交叉。

首先，神学与科学存在着一些"共同的领域"。尽管如上所述，纽曼原则上主张应该严格神学与科学各自的研究范围；但是因为双方有时总会试图超越自己的界限，而进入对方的领地，只有在这种情形之下两者会在研究内容上发生交叉。其中最典型的就是在创世论的解释方面，基督宗教有自己的创世说，而自然神论者也对其有自己的独特解释。

其次，神学与科学真理统一于启示真理。神学的真理涵括科学的真理，科学的真理同时为神学的真理提供必要的资料，"超自然知识包括自然世界的真理和事实；其次，自然世界的真理和事实另一方面又是对超自然进行推理的资料。"[20]在此可以看出，纽曼实际上认为神学所包含的启示真理高于科学所包含的真理，但同时启示真理也需要科学真理的彰显与见证。这与多玛斯哲学中的"自然只是成全恩典，而不是摧毁恩典"的见解如出一辙。

（三）科学方法在神学上的应用

纽曼承认神学与科学在研究内容和真理方面的交叉关系，但是他对于科学方法是否和如何应用于神学研究的态度和做法却是复杂的。

对于将自然科学的研究方法应用于神学的自然神论，纽曼持坚决否定的态度。自然神论试图依靠培根的哲学和现代科学对宇宙做出设计论的论证，但是纽曼却认为这种做法对于基督信仰毫无益处。因为自然神论所论证出来

---

20 《大学的理念》，第 247 页。

的只是一位冷冰冰的，与世人无法进行心与心交谈的上帝，最终只能导向泛神论或无神论。之所以如此，原因即在于把科学的归纳方法"嫁接"到了神学上面。[21]在纽曼看来，既然神学是尊重传统和权威的，那么它就没必要，也不可能从现代科学中得到什么帮助，神学本真并不随科学的进步和时代的变迁而发生这样那样的变化。

尽管纽曼的基本立场是反对将科学的归纳法应用于神学领域，但另一方面，他似乎也意识到在实际中运用科学方法的不可避免性。纽曼神学构建的一个重要特征就在于重视教会历史和人的生存经验，他的神学进路绝不是由理性到理性的纯粹的逻辑推演，而是有着丰富的经验内容。在《论基督宗教教义发展》中，纽曼就大胆采用归纳法，通过归纳教会史中的大量事实，以阐明自己的教义理论。这样看来，似乎纽曼的主张与其神学实践是相矛盾的。

但是事实并非如此。原因在于纽曼的这种"归纳神学"满足了他所设定的三个基本条件。也就是说，"归纳神学"应该奠基在《圣经》、典籍和自然这三个基础之上。[22]要保证"归纳神学"获得神学的真理，则必须上述三个条件同时满足才可以，必须要采用这种三位一体的方式所建构的那种经验方法。这样一种神学之探就综合了启示与自然，历史与现实，超验与经验，科学与宗教。既可以协调与科学的关系，又可以保证神学言说的一定是启示真理。

总而言之，在对于神学与科学关系认识上，纽曼认为两者既相互独立又相互交叉。在实际中，应该努力化解两者之间的冲突，实现两者的和解。尽管纽曼这种认识的基本立场是要为神学在大学教育中赢得一席之地，为天主教会在现代社会的存在意义进行辩护；但是客观而论，与同时代的人相比，纽曼比许多的宗教思想家都能容忍科学的进步。而且在事实上，他不仅个人对于数学等现代科学知识非常熟悉，而且在神学构建中也自觉不自觉地体现了现代科学的精神和方法，其思想和实践对于后来的天主教会和神学发展都具有深远的影响。

---

21 《大学的理念》，第 262 页。
22 《大学的理念》，第 257 页。

第二节　神学与大学教育

一、作为自身目的的知识

（一）知识的分类

与世俗知识与神圣知识的分类方法类似，纽曼对于知识分类也采取了这种二分法。他对知识分类有不同表述，例如"实用的知识"与"博雅的知识"，"有用的知识"与"宗教的知识"。

实用的知识与博雅的知识。纽曼认为知识存在两种不同的发展趋势：

> 它（知识——笔者）可能会把自己消解为一种记忆，会终结于一种机械的过程和一种有形的果实；但是它完全可能回复到那激活了它的理性，而消解为哲学。

其结果就造成了"实用的知识"与"博雅的知识"的分野。在前一种情况下它就被称为是实用的知识，而在后一种情况下则被称为是博雅的知识。

有用的知识与宗教的知识。纽曼认为知识在实际中可以实现它自身不能达到的效果和目的，能够成为改造世界和人心的巨大推动力，"知识必然会引向某种超越它自身的东西，而那就是它的目的，那就是它之所以可取的原因。"不仅如此，这种目的还具有双重性，或者是此世的目的，或者是来世的目的。如果是前者，就被称为是"有用的知识"，如果是后者就被称为是"宗教或基督宗教的知识"。

（二）反对功利主义的知识观

19 世纪以来，随着工业革命的开展和各种形式的自由主义思潮的泛滥，英国社会和教会的世俗化进程也大大加剧，从而严重影响到人们的知识观和大学教育观。其中最为突出的，就是"功利主义"成为当时知识界最为流行的观念。这种哲学强调知识的"有用性"，主张大学教育应该以实用知识的教育为目标。

根据纽曼的理解，当时的"功利主义"哲学的影响体现在两个方面。首先，以培根哲学和边沁的功利哲学为代表，强调世俗知识在增进物质财富，推动社会文明的作用。相反，对神圣知识则采取否定的态度，认为宗教并不能充当增进社会福利的手段。其次，以道德取代宗教，将道德作为教化的主要工具，认为不通过宗教仅凭一般性的道德教育就可以实现人性的完满，"可以激发、转达、挖掘、扩大、安慰、满足我们的头脑。"[23]

对于第一个方面，纽曼并不否认世俗和实用知识在推动社会进步中的作用。他肯定这种知识对于文明和人性的意义与价值，例如现代廉价的文学作品，饱含实用性和娱乐性知识的图书馆，科学讲座，博物馆，动物园，令人赏心悦目、陶冶情操的建筑和花园，凡此种种，都可以丰富充实人们的头脑，使之在自由的思考中扩展和升华。这些都是人为的手段，设计巧妙，益处多多，因为它们至少为个体和整个社会挡住了道德之邪恶的攻击，使人心和世风得以净化。纽曼认为这种知识是工业文明时代战胜道德混乱的工具，对宗教也有益处。在此，纽曼所要反对的是"以科学代宗教"的做法。为此，并针对当时大学中将神学和基督宗教信仰边缘化的做法，纽曼积极主张应该在大学里为神学留有地位，神学是知识不可或缺的一个学科，"神学至少和天文学一样有权在大学里要求一席之地。"[24]

对于第二方面（当然也与第一方面相关），纽曼坚决否认以道德取代宗教的做法。他认为世俗的道德知识并不能作为道德提升的原则、直接的手段和先例，也不能作为社会统一和个体行为的原则，而且没有信仰支撑的道德教诲必然会导向不信。[25]相反，纽曼认为世俗知识和道德教诲导致人的内省和罪的意识的颓丧，人的良知也变得含糊其辞起来，"良心倾向于变成被称为道德感的东西，而尽义务则是一种品位；犯罪不是对上帝的冒犯，而是对人性的侵犯。"[26]假如有人做错了什么，他感到的不是向上帝的痛悔，而是一种自责，一种丢脸的感觉。他会骂自己是笨蛋，而不是罪人。纽曼认为，良心惩罚除了羞愧之外还有恐惧，羞愧只能使人在自己思想内部产生作用，但恐惧却可以使人跳出自己。总之，纽曼认为将良心仅仅作为道德感是不够的，世俗的道德教育对于培养人的完美心智是片面的、肤浅的，形成完美心智需要神圣知识，需要人对上帝的敬畏之心。

（三）作为自身目的的知识

从目的和手段关系的角度而言，纽曼认为知识固然可以成为为人带来

---

23 D.A.,p.255.
24 《大学的理念》，第 62 页。
25 D.A.,p.p.261-305.
26 《大学的理念》，第 170-171 页。

一定利益的手段，但人们还会在知识的获得中满足人们天性的一种直接需要。[27]也就是说，知识不仅要满足人们外在的、可见的需要，更要满足人的内在、不可见的心智需要。在后者之意义上，知识与人的心智具有"同构性"。因此，人不能将知识仅仅视为是满足物质需求的手段，而更应该将知识作为不断完善自我的一种途径，放弃对于知识的功利性的认识和运用。对于纽曼而言，知识并不仅是一种"间接"的手段，而更是一种与人性的"直接"衔接：

> 知识不仅仅是达到它后面的某种东西的手段，或者它自然会消失于其中的某些技术的准备，知识就是一种目的，是足以安身立命，或者足以为其自身的缘故而继续追求的目的。[28]

另一方面，从知识这一概念本身的角度而言，纽曼认为知识的存在具有一种内在的实在性，它不会随情景的变化而失去自我及对人的心智的引导、改造能力和对外界的评判能力，从而使人性趋向完满的境地：

> 这个观念（知识——笔者）必然有一种内在的实质，这种实质在种种冲突和变化当中一直维持着自己的地位，一直有助于提供衡量事物的标准，一直在人们的心智中彼此传承而保持不变，即使在人们的思想和观念会受到诸多的浸染和诸多的影响时也是如此，这种实质不是建立在我们天性的基础之上的。[29]

因此，这种知识并不是在于获得一种模糊的和普遍意义上的知识，而是获得一种哲学的知识或科学的知识。

（四）哲学是知识的首要形式

纽曼认为理性是知识的一种内在禀赋，具有哲学和科学的性质。通过理性的推理可以对知识进行概括，实现知识的条理化、系统化。对此，纽曼这样写道：

> 当我说到知识的时候，我指的是某种理智的东西，它把握了它通过感官而知觉到的东西，它在看见的时候就对看见的东西进行推理，它对看见的东西赋予了一种观念。[30]

---

27 《大学的理念》，第 108 页。
28 《大学的理念》，第 107 页。
29 《大学的理念》，第 112 页。
30 《大学的理念》，第 114 页。

根据纽曼的分析，理性不仅凸显了知识的特殊地位和价值，更重要的是它可以实现知识成为自身的目的。理性可以使人超越现象世界进入理念的世界，可以运用理念及各种原则对现象进行描述、分析、综合、推理、评价等。正是通过理念和原则的这种自动运作，知识成为了自身的目的，知识拥有了自己的尊严：

> 理性是知识的内在丰富的原则，对于拥有理性的人来说，它就
> 是知识的特殊价值，它使得他们不用向外去寻找外在于知识本身的
> 任何目的。[31]

基于对于理性在知识中特殊地位的认识，纽曼进而主张，最能体现作为知识自身目的的学科就是哲学。

纽曼认为哲学必须是知识的形式，而且也应该是其首要的形式。其主要理由有：首先，哲学思考是一种整体性思考，可以将事物的不同部分联系在一起看待。哲学思考可以使心智能够理解和欣赏各自分离的部分。同时，通过这种哲学思考，可以清楚地辨别事物之间的相互关系，实现"心智力的扩大"。其次，哲学思考可以保证心智获得对于事物的真理性认识。哲学思考是对心智恰当的培养和心智的最佳状态，因为它能确保心智实事求是地看清事物或真理，并能够区分凭空想象、个人看法和理论。最后，哲学思考自始至终都会考虑到心智中的各种要素并加以运用，"哲学思考把完善心智的各种力量作为前提，并在思考的过程中涉及心智的各种力量。"[32]

二、博雅教育

受古希腊亚里士多德[33]、西塞罗[34]哲学、教育思想的影响，纽曼提出了"博

---

31 《大学的理念》，第 113 页。

32 《大学的理念》，第 163 页。

33 亚里士多德认为在各门学科中，唯有哲学才是"为知而求取的科学"。（苗力田：《古希腊哲学》，中国人民大学出版社，1989 年，第 497 页。）哲学追求的是"普遍知识"，它为了知识自身而求取知识，而不以知识为载体和实用目的。总之，我们进行哲学的思考，其目的"并不是为了其他效益，正如我们把一个为自己，并不为他人而存在的人称为自由人一样，在各种科学中唯有这种科学才是自由的，只有它才仅是为了自身而存在。"（苗力田：《古希腊哲学》，中国人民大学出版社，1989 年，第 498 页。）

34 西塞罗认为在人的物质需求获得满足之后，知识就成为吸引人的首要对象。尽管西塞罗承认知识也有助于促进外部目标的实现，但是他却否认知识对于社会生活

雅教育"的全新教育理念，可以将之视为"知识作为自身目的"在大学教育理念中的运用。

（一）"大学应传授普遍知识"

纽曼认为："大学是一个传授普遍知识的场所"。他所讲的"普遍知识"（Universal Knowledge）指的是人类知识领域包括的各种知识，大致涵括纯粹的知识、职业知识和宗教知识三种类别。纽曼认为知识具有整体性和普遍性，他认为所有的知识都是一个整体，并具体表现为相互分离的各门学科。各门学科之间又是一个密不可分的整体，因为所有学科拥有共同的主题材料。而且各个学科之间存在着内在的和谐，它们相互完善、相互校正、相互平衡。另外，纽曼强调知识的整体性和统一性并不仅仅是指学科结构，同时也是指知识的普遍意义而言。普遍知识既关涉具体的学科知识，也关涉心智的状态和训练；它既是名词，也是动词。

纽曼认为教授普遍知识对于受教育者的心智具有重要的影响。学习了普遍知识的人，其分析、辨别和思维能力会得到培训，审美观、判断力、洞察力会得以提升，从而会使他们在未来可以更好地进行职业选择和社会适应。

（二）"自由教育"

纽曼在《知识以自身为目的》的演讲中提出了"自由教育"的概念，或曰"博雅教育"。自由教育的首要目标并非是职业教育，而是心智教育。这种教育并不是技能训练，而是指智力的运用、推理和思维的练习，由此获得"心智的扩展"能力，即，"同时把许多事物视为一个整体的能力，把它们分别归入其在宇宙系统中的适当位置的能力，理解它们各自的价值的能力，确定它们之间的相互依赖性的能力。"[35]

那么，这种自由教育要达到一种什么样的目标呢？纽曼认为自由教育的目的是要操练人的心智、理性和思考，提升人的心智水准和完善程度。自由教育从其本身来看，只不过是对心智的培养，它就是要追求"心智上的卓越"。但追求心智的卓越并不意味着对于现实世界的否定，而是要超越这个世界的有限，努力飞向另一个永恒的无限的世界。这一过程，对于大学教育而言，

的关系，通过培根式的对科学知识的追求而造福于社会这样一种观念，完全不在其知识教化的动机之中。

35 《大学的理念》，第132页。

就是要不断完善受教育者的天性，其所经由的途径，不是取消受教育者的天性，而是为其增添某种超过天性的东西，并把它引向高于它自身的目标。具体而言，就是要造就绅士。博雅教育并不是造就基督徒，造就天主教徒，而只是造就具有健全、成熟心智与人格的绅士。作为绅士，即使是一个不信教的人，也会对宗教表示充分的尊重，而且绅士也有他自己宗教，"他的宗教便是一种想象的、感情的宗教，里面包含了高尚、宏伟和美丽的思想……"。[36]

（三）"哲学思考的习惯"

纽曼认为，只有通过哲学才能真正实现"自由教育"。纽曼认为知识的本质是以追求自身作为目的，因此"自由"是一切知识的本性；但最能发挥知识的这种自由本性的则是哲学。因为哲学思考是一种整体性思考，可以将事物的不同部分联系在一起看待。哲学思考可以使心智能够理解和欣赏各自分离的部分。同时，通过这种哲学思考可以清楚地辨别事物之间的相互关系，实现"心智的扩展"。心智的扩展与天才无关，而是后天教育的结果，是经由哲学的思维训练而养成的"哲学思考的习惯"。

总之，纽曼博雅教育理念的基本内涵就是大学教育应该是一种智性教育。这种教育与人的心智密切相关，教育的目的就是实现人的心智的扩展，所采用的途径就是要训练、培养人的心智。心智的扩展并不是通过训练理性能力就可以完成，它是心智中各种要素综合作用的结果，而将这些要素整合起来的正是想象。那么，想象是如何扩展心智，获得普遍知识，实现自由教育目标的呢？这正是下面我们要讨论的问题。

三、想象与自由教育

现代哲学家都重视想象在认识论中的地位，例如康德认识论就宣称如果没有想象则人无法获得认知，理由是如果没有想象，人就无法对通过感觉获得的纷繁的印象知识进行条理。也就是说，想象具有一种综合的能力，代表了一种自由的力量。纽曼同样强调这一点，但却在与自由教育的关联中，赋予其更为丰富的含义。

（一）记忆

想象的能力，"可以代表记忆的能力"，"可以使缺乏的东西成为存在的"。

---

36 《大学的理念》，第 183 页。

在此意义上，想象是一种真实而非观念。想象通过体验来理解事物。在《赞同的法则》中，纽曼表达了同样的观点："心灵对事物的理解，不是通过理性，而是通过想象，借助于直接的印象，事实和事件的证据，历史，描述。"[37] 也就是说，想象与个体既有的生命和生活经验相联系，作为一种内在的、潜在的力量而存在，属于人的"前认识"。与心智中的理性推理相比，想象因为记忆的缘故，而更富于情感性，经验和它们的形象会敲击和占有心智，具体事物远比逻辑推理更能带给心智以震撼和信服的力量。

纽曼认为，在心智能力训练中，首先应该发展的能力就是这种记忆能力。当一个孩子开始进学校学习时，他的主要任务就是要把各种各样的东西储存在他的记忆中。在很多年的学习中，他的心智基本上是一种吸收事实的工具，或者是一个储藏事实的仓库，他的学习主要是一种被动的获取。但是，在此过程中，他也并非完全被动，因为他会对各种印象有一种活跃的感受性，他的心智是观察的、很敏锐的，也是很有准备的。而且，这种以知识的获取作为培养心智的的手段也是必须的。因为，没有获取也就没有真正的培养，而哲学也必须以知识为前提。要确保在一切严肃的问题上提出自己的见解，那么就必须要提前进行大量的阅读，获取、占有尽可能多的信息，否则就不可能获得有用的效果和有价值的结论。即使是一个最富有创造性和想象力的心智，如果仅靠个人不依靠别的资源，无视以往的作者而提出什么观点的话，其结果也不过是哗众取宠、畅销一时，最后人们会发现他的学说不过是纯粹的理论，并不表现任何事实，这样就难能引起人的共鸣，更不要说令人信服了。所以，纽曼的结论就是："知识是心智扩展不可或缺的条件，是达到心智扩展的手段。这一点不但不能否认而且还应该坚持。"[38]

（二）认知

纽曼认为想象不仅具有记忆能力，它还具有认知能力。通过运用想象，可以将各种相关的资料综合在一起，并且尝试得出恰当的结论。人们要获得对事物的认知，理智必不可少，但是单纯的理性并不一定导致人们对于事物的赞同。相反，想象却可以使人们获得"真实的赞同"。对此，纽曼指出："真实的认可，或者信仰，从其自身看，仅仅是一种认可，并不导向行为；但是

---

37 G.A.,pp.92-3.
38 《大学的理念》，第 127 页。

在它内有想象居住着，说明它可以对具体产生作用，因为想象具有情感和热情的具体能力，通过这些非直接的方式使得真实的认可得以启动。"[39]对于想象的这种能力，纽曼在《大学的理念》和《赞同的法则》中列举了类似的例子加以说明。拥有这种能力，就好比一个旅行者到达一个新的地方，会爬上山顶或教堂去弄清附近的街道；在心智中将依据它们的含义对各种事物分门别类，从而获得对整体各个部分的掌握。他所得到的感受不会是在以往的感受上有所增添，而是一种性质完全不同的东西。

纽曼认为，只有想象的这种综合认知能力才会带来真正的心智的扩展。他所说的这种能力，就是要能同时把许多事物视为一个整体的能力，能在整体上把握事物的本质，形成一种"洞见"和"启悟"。当然，这种综合能力是一种复杂的心智活动，会发生信息之间密集的交流，包括一系列比较、类比、提炼、批评等。对此，纽曼这样写道："思维反复考量，喷出，迅速前进，成为一个格言，非常精妙而又丰富，令理性调查感到困惑。它从一点到另一点，通过一些迹象形成一种认识；和其它的结成同盟；然后又寻靠一些已经接受的律；接下来是占有证据；然后把自己交给一些印象、内在的本能、一些模糊的记忆……"。[40]在此，纽曼实际上强调的就是这种知识的交流意义；他认为，知识的交流是实现心智的扩展的根本条件。而这种交流的实现则需要运用想象的能力。

但想象并非先天具有认知能力，它是后天教育训练的结果，只有"训练有素的想象"才具有这种能力。运用这种想象，大则可以将宇宙从混沌中分辨出来，小则可以把夜色中的人影与树影分辨出来。其原理是，"汇总和合并各种证明为一个证据"。[41]各种证明还只是一些"或然性"，并不能带来"赞同"的行为。"或然性"的累积会带来人们认知的"界限"。例如通过一个多边形可以画出一个圆，它的边一直在柔化，向圆趋近，那就是它的界限。要突破这种"界限"，就需要想象力的扩张。通过"训练有素的想象"的扩张而跨越"界限"，使人们获得对事物的"洞见"，达到认知的"标准"，实现"真实的赞同"。

为了训练这种想象，为了实现知识的交流进而获得心智的扩展，纽曼主张应该"睁眼看世界"。从狭义的大学教育的层面看，大学是教授"普遍知识"

39　G.A.,p.89.
40　O.S.,p.257.
41　G.A.,p.325.

的场所，所以应该平等地看待所有的知识并促进其相互之间的交流。对此，纽曼以科学集会为例加以说明，他认为科学集会的出发点在于促进相互间知识的即时而又直接的交流，交往、沟通是其本质特征。他认为大学应该如科学集会一样需要加强沟通与交流，包括学生之间以及师生之间的互动。对于青年人而言，当他们自由密切交谈时，即使没有人教育，也必定能相互学习，"所有人的谈话，对每个人来说就是一系列的讲课，他们自己逐日学得新的概念和观点，簇新的思想以及判断事物与决定行动的各种不同原则"。纽曼的认识并不单单局限于上述狭义的大学教育的层面，而是将其延伸至更为广泛的人生教育的层面。他认为，人应该走进积极的生活，进入社会，出去旅行，熟悉各种社会阶层，去接触不同的人群、人种和利益集团的种种思想原则和思想方式，去接触他们的各种各样的观点、目标、习惯、方式，甚至他们的宗教信仰。在此过程中，人运用想象力，将各种知识经验重新进行整合，获得新的思想和价值观，实现心智的扩展。

（三）创造

想象可以大致划分为"复制性想象"和"创造性想象"。前者强调模仿，后者则重在创造；前者主要是对于外界的机械反应，而后者则有主体的自我意志。纽曼所讨论的想象，主要是指后者意义上那种具有创造性的想象，只有经由这种想象，才能实现"心智的扩展"。心智的扩展不仅在于把大量的以前未知的观念被动地吸纳进来，更在于在这些新旧观念之间展开一种有建构力的活动，形成一种联结旧与新、过去与现在、远与近的视野，以及对所有这一切相互间影响的洞察力，形成"一个新的中心"、"一个完全陌生的思想范围"。[42]

纽曼论述自由教育的核心之处就在于，通过普遍知识的传授，从而达到一种对事物整体的把握与分析，其内涵一方面在于知识的获取，另一方面，同时也是更为重要的，即培养一种能够对事物进行综合思考的宽宏的心智。想象力在自由教育中发挥着一种内在的动力去实现这种自由知识的传授及哲学的心智的形成。心智通过运用想象而具有了一种主体性、自立性，由此它可以对外界环境做出能动的反应，甚至通过自己的决定而影响外界环境。心智联合想象，运用理智可以在每一个开端当中看到终结，在每一个结局中看

---

42 《大学的理念》，第128页。

到起源，在每一次扰乱中看到规则，在每一个延误中看到限度。总之，想象使得心智具有了知识迁移的能力，拥有这种能力的心智是自主的、自由的，它可以"控制自己的功能、应用、弹性、方法、批判性的精确、明智、资源、方向以及雄辩的表达方式"。具体到大学教育中，纽曼认为大学不是一家锻造厂、一间造币厂或一个踏车磨房，大学应该是培养具有创造力和想象力心智的地方。因此，那种功利主义的教育观，机械填鸭式的教学方式，只能是"奴隶式"的教育教学，其中心智是不自主的。相反，想象则使得心智拥有了创造力和真正的自觉主动性。

相反，如果心智缺乏想象，纽曼则认为由于缺乏事物之间的推动与联系，每一样东西就只能按照顺序来来去去，就像一场表演的布景替换。在这种心智状态下的人，"根本就没什么判断的标准，也没什么特征能引他得出结论"。[43] 以此而论，一个人即使头脑中装有大量形形色色的观念，但如果对于这些观念之间的联系缺乏感受和想象，那也算不上已经启悟的或者有领悟力的心智。由此可见，想象在哲学这一目标的实现，在自由教育的核心中起着十分重要的作用。它可以被视为是自由教育中一种潜在的、动态的力量，可以使各种心智的活动在逐渐的发展中朝向一个整体而形成，并在这一整体中保持平衡。

（四）升华

创造性想象的发挥主要是通过营造意义空间而得以实现。在心智中，这种想象是介于感性与理性，潜在与实现之间的中间状态。它能在"已然"和"未然"之间架起一座桥梁，作为两者之间沟通的媒介，使它们之间保持一种动态的活跃关系。通过想象，个体会不断闯入新的意义世界，实现自我的不断提升与超越。也就是说，要改进心智，首先就需要上升；在一个平面上，不能获得真正的知识。

纽曼认为，自由教育就其本身来看，只不过是对心智的培养，它的目标正是追求"心智上的卓越"。[44]纽曼理想中拥有卓越心智的形象就是"绅士"。绅士个人具有精致的品位，正直、公平和冷静的头脑，在生活行为中拥有高贵而有理性的姿态。但纽曼认为培养绅士或社会的合格公民的根本目的还不

---

43 《大学的理念》，第 132 页。
44 《大学的理念》，第 120 页。

仅仅是个人人性的完善，更有其社会目的。它旨在提高社会的思想格调，为大众的志向提供确定的目标，扩展时代的思想内容并使这种思想处于清醒的状态，推进政治权力的运用以及使个人生活之间交往文雅化。这一切的实现，都要教育的引导，需要唤起人的审美意识和社会责任感，正如意大利的人文教育家韦杰里乌斯所言，"自由教育是一种符合于自由人的价值的教育，是一种能唤起、训练与发展那些使人趋于高贵的身心的最高才能的教育……"。而能够唤起心智的力量则正是想象，通过想象，受教育者个人境界不断得以提升，而且可以推己及人，实现通过单纯的功利主义道德教育所不能达到的效果。想象一方面是主体的自我意识的肯定，另一方面也是在与他者的不断对话中重新建构自身的意义，并在这种对话中实现心智的升华与超越。

纽曼作为基督宗教的护教士，当然不会满足于心智的升华停留在世俗道德或审美的层面，他更愿意赋予这种升华以宗教的意涵。在《大学的理念》中，如何保持世俗知识与宗教知识的平衡，并使得二者不至于敌对和抵触，是纽曼十分关注的主题。自由教育通过想象的运作，同时也为对神学与宗教的尊重与接纳甚至为通向宗教信仰预备了道路。纽曼认为科学与神学一样都是探究上帝真理的学问，其研究的起点和目的最终都指向终极实在；而且科学的真理同时为神学的真理提供必要的资料，"超自然知识包括自然世界的真理和事实；其次，自然世界的真理和事实另一方面又是对超自然进行推理的资料。"[45]当然，纽曼关注的重点并非单纯的宗教目的，他所强调的是科学和包括神学在内的一切人文学科并不冲突，因为它们都属于"普遍知识"之分支，只要运用恰当的想象，就可以实现两者的和谐共处、相得益彰。尽管如此，从根本上看，纽曼还是更为强调探究终极知识和真理的价值，他认为在可见世界的帷幕之后，有一个不可见的、有智慧的终极存在，这个终极存在会作用于这个世界，并通过这个世界发挥作用。作为具有想象力的人，会运用这"可见的世界"与"不可见的世界"之间的类比，透过前者发现后者的存在与意义，这样，"这个世界也不再是沉闷的、单调的、毫无益处的和没有希望的，而是一出十分复杂而又丰富的戏剧，有各个组成部分，也有一个目的，还包含了一种严肃的道德。"[46]但要最终通向信仰，想象还必须联合良知才行。纽曼认为良知不仅教导人们上帝是什么，还为人们提供了上帝真实的

---

45 《大学的理念》，第247页。
46 《大学的理念》，第129页。

形象。这一真实的形象，要通过想象的运作才能获得。良知的现象作为一道命令，使想象具有一位至高无上的图像，这样，人们就通过良知创造出对上帝的明确印象，通过想象而对上帝有了直接的理解。[47]至此，纽曼自由教育的宗教意涵全然显露，即，大学与教会的协调，科学与神学的共存，人性与神性的契合。

总之，想象在自由教育中的地位和作用主要是通过心智的扩展和升华得以实现，具体而言：想象具有记忆的能力，可以使人获得感性的知识，这是心智扩展的前提条件和起点；在此基础上，想象通过发挥综合作用，而使知识和信息实现相互之间的交流，使人获得对客体的整体性的本质洞见，心智的扩展得以真正实现，想象成为心智扩展的实现手段；但心智的扩展的本质特征在于其创造性，即知识的自由迁移能力，这种能力仍然来自想象，想象构成心智扩展的内驱力；心智的扩展的最高实现是个人心智与普遍理智或最高理智的相契，想象就充当了连接世俗与神圣的媒介，且使心智不断得到提升，从而实现心智的最大的解放，获得最大的自由，找到其真正的归宿——自由教育的根本目的和本质体现也即在此。

综上，纽曼认为自由教育之目标的实现需要智性教育，而后者的达成则最终需要由想象来完成。为此，纽曼从知识认识论的角度，论述了想象所具有的记忆、综合、创造和升华等功能。想象在自由教育中作为潜在的实现力量，它可以整合、平衡各种心智活动，实现心智追求卓越的目标，进入自由的境界。这样，想象实际上就成为了自由教育的起点、内驱力、本质体现和最终实现的手段。当然，纽曼对于想象的论述，基本的着眼点并不完全在于狭义的教育学，还在于教育哲学。想象在现代大学教育中的哲学意义，就在于避免过于功利主义的教育理念，使大学真正体现以人为本、整全教育的理念与精神。如此，才能实现教育回归人自身，实现自由教育的目标。尽管纽曼的这种理念具有一定的理想色彩，但仍可以不断启迪人们对于现代大学教育理念的深入思考。

四、神学与大学教育

在 21 世纪的大学中已经没有神学的位置了，它仅仅被视为是启蒙时代之前的一堆废墟，已经没有什么存在的意义与价值了。1772 年，一位名为霍尔

---

47 G.A.,p.110.

巴赫的启蒙思想家甚至讲，神学"科学"是"人类理性的持续的侮辱"。[48]在他看来，现代大学的基础是理性，理性是一切真正科学的发源地。神学根本不是科学，它不过是一种不切实际的幻想罢了。康德在他晚年的讽刺作品《院系的冲突》(*The Conflict of the Faculties，1798*)中对于神学的评价比霍尔巴赫要客气得多，他甚至认为应该保留神学在大学中的皇后地位和哲学作为神学的女仆地位。但是对于这位女仆是要在前面为她的女主人高举火把还是在后面亦步亦趋地追随，康德却没有说。

直到 250 多年后，霍尔巴赫的观点还有市场，原牛津大学的一位名为理查德·道金斯 (Richard Dawkins) 的科普教授就坚持，宗教是反科学的，信仰是反理性的。这位道金斯先生一定知道这种观念最早来自于柏林大学。柏林大学的创始人是洪堡，当时他也延揽了如费希特、施莱尔马赫等著名的哲学家和神学家。具有讽刺意味的是，就是这位后来被称为是现代神学之父的神学家，却要为了神学在大学中的地位而要去刻意的贬低神学的身价，认为它是非科学的，甚至是迷信的，认为应该建立一种"科学的神学"(Wissenschaft Theologie)。但结果是什么呢？结果就是，神学如它的同伴哲学一道都成了为国家服务的奴仆，以此而言，提倡"科学的神学"的首要目的就是要为国家教会培养僧侣，神学不过是国家的"统治工具"而已。当然，不止在德国如此，在英国同样如此。在英国，国家与教会紧密结合在一起，大学中的神学教育以培养国家教会需要的神职人员为最终目标。从亚里士多德式的古典意义上而言，神学当然是科学，且是科学的皇后 (Regina Scientiarum)。但是启蒙运动所理解的科学 (Wissenschaft) 与科学的古典意义已经有了本质的区别，它基本上可以等同为理性，这种科学是以怀疑而不是信仰作为研究的起点。

最初，科学的定义并没有后来那样严格。Wissenschaft 泛指一切进行"严谨 的 、 系统的"探求，包括自然科学，同时也包括社会科学(Geisteswissenschaften)。只是从 19 世纪开始，Wissenschaft 的范围才大大缩小，仅仅指那些由理性和经验所主宰的知识和学科。当然这种科学的开展也要依靠各种假设 (Voraussetzungslosigkeit)，但这种假设却与神学无关。当科学成为一种意识形态后，神学便被现代大学驱逐出门。

当然，神学也会在个别大学中存在，但已经不是原来意义上的那种神学了，它变成了另外一种东西。尽管 Wissenschaft 也会为教会提供服务，但却是

---

48 D'Holbach,*Good Sense*,p.14.

通过国家组织才能实现。神学也会去讨论天主的知识，但它所利用的却是那种完全自足的理性。它拒绝探求"高深莫测的奥秘"，正如 19 世纪初费希特所言，如果人无法去分析一种科学的"根本依据"，那么就不应该将它留在大学之内。而到了 19 世纪末，哈纳克（Adolf von Harnack）则鼓吹神学与教会的分离，认为这样可以使神学可以更好地为德国的科学和文化做出贡献。尽管在很多大学神学也许还并没有成为"科学"，但的确一些大学的神学已经不再是它本应该是的那种神学了，或者根本就不能将其称为是神学。德考斯塔（Gavin D'Costa）直接宣称大学里的神学就是一种冒牌货，"神学，如果没理解错的话，在现代大学里根本就不能教授和研究。"[49]

与上述认为大学不能设立神学相反，纽曼认为大学不仅应该设立神学，而且没有神学学科的大学就不能称其为是大学。

（一）"混合教育"

纽曼笔下的大学讨论的是大学的"理念"或"本质"，但他并不是很抽象地在谈论大学，因为在他心中，有诸多具体大学的原型。例如，他所喜欢的牛津大学，他所厌恶的伦敦大学；另外就是他理想中的天主教大学——鲁汶大学，鲁汶大学创办于 1425 年，1797 年关闭，1834 年重新开放，纽曼创办爱尔兰大学就是以鲁汶大学为样板的。1851 年 4 月，库伦大主教（Dr Paul Cullen, Archbishop of Armagh）写信请纽曼创办爱尔兰大学，同时邀请他做关于"反对混合教育"的演讲。随后，库伦主教会见了纽曼，并任命他为爱尔兰大学的校长，负责创校事宜。

"混合教育"的教育模式最早在大陆的法国和德国推行，主张不同宗教信仰背景的学生在同一学校接受教育，这种教育模式同时强调政府在大学教育中的主导性地位，大学中各宗教派别的私见应服从政府的意见。1845 年，罗伯特·皮尔爵士提出在当时的爱尔兰建立女王学院，推行"混合教育"。这一计划遭到很多爱尔兰主教们的反对，其中就包括库伦主教，他认为这种教育会因世俗化而败坏年轻人的信仰。

但同时也正因此，在爱尔兰成立一所天主教大学的想法日益迫切起来，在库伦的坚持下，罗马教廷决定在爱尔兰创办一所天主教大学，以拯救遭受

---

49 Gavin D'Costa, *Theology in the Public Square: Church, Academy, and Nation*（ Oxford: Blackwell ）,p.20.

"有害哲学"腐蚀的年轻人。也正是在此背景下，库伦请纽曼来都柏林经办这所天主教大学。尽管纽曼与库伦在坚持大学教育的宗教功能这一点上并无分歧，但在办学理念和模式上却发生了严重的分歧。纽曼认为大学应该是教授"普遍知识"的地方，不仅仅包括神学教育同时还应包括其他的自然科学，而库伦则强调大学作为神学院的模式。纽曼认为大学教育中，应该充分尊重学生的自由，学生通过教师的潜移默化的影响而得到成长，成为"绅士"。显然，纽曼的这种教育思想是受到当年在牛津大学的影响，他实际上是试图将牛津大学复制到筹建中的都柏林大学那里。而这是库伦主教所不允许的，他认为纽曼的教育思想过于自由化，不利于大学宗教目的的实现。两人最大的冲突在于都柏林大学的招生范围的分歧。纽曼认为应该面向"讲英语的天主教徒"，而库伦等爱尔兰的主教们则认为只应面向"爱尔兰的天主教徒"，这样纽曼的设想就远远超出了教廷和爱尔兰主教团的预期。结果，1858年11月12日，纽曼不得不宣布辞去校长一职。

（二）神学作为大学的一门学科

纽曼将大学定义为传授"普遍知识"的场所。这里的普遍知识有两层含义，一种是哲学意义上的普遍知识，另一种则是指具体的各种门类的知识。纽曼认为，普遍知识包括自然科学、历史、文学、哲学和神学等在内的一切知识分支，大学的一项重要任务就是将这些所有的知识聚拢在一起，让它们相互竞争，以促进人类智力的增长，各种知识都代表了不同的真理，大学就是"真理的仲裁者"，它是各种学科知识的"保护性力量"。所以，大学应该公平地对待所有的学科，一切学科之间都没有高低贵贱之分，作为知识之一分支的神学也应该在大学中拥有自己的地位；否则的话，大学的本质就无法得到真正的体现，普遍知识就成了一句空话。纽曼甚至说，把神学从大学教育中抹去，无异于把春天从一年中剔除出去，因为这在逻辑上是说不通的。不仅如此，从神学与其他学科的关系来看，神学对其他学科也具有独特的意义与价值。在纽曼看来，神学是"学科中的学科"，它是关乎天主的学问。尽管在大学的其他学科也都探求真知、真理，都有各自独立的存在价值，但却无法取代神学在解释世界中的地位，神学可以为之提供一种最终的解释。但需要指出的是，这并不意味着神学高于其他的学科，而是说在它的范围内，它的解释具有绝对的权威。各门学科都有自己的知识范围，它们都独立存在，但又需要其他学科的补充。因此，如果对其中任何一科忽视，都必然损害知识在整体上的完整性与精确性。而且，如果一门学科缺失，那么其他学科就会侵入这种空白，而这种入侵只能带来各种错误的结论。例如，关于神学的内容为宗教学、伦理学、美学或哲学等学科所取代，那么神学的特殊性就被否定了，这种否定的结果就是将宗教的超自然的因素视为人类理性的产物，使局部变成了全面，将原因当成了目的。总之，纽曼的结论是，神学至少应该像天文学一样在大学拥有一席之地，因为"宗教真理不但是普遍知识的一个部分，而且是它的一个条件"。[50]

（三）教会与大学

纽曼所讲的"普遍知识"，主要包括实用知识、博雅知识和神圣知识。这三种知识都会追求真理，其中实用知识把真理"作为力量"来拥有，博雅知识是把真理"作为美"来理解，而神圣知识则追求的是信仰和启示真理，它是前面两种知识追求的最终归宿，"只要追求真理到极致，不论是作为美还是作为力量，你都会被其中一个领上永恒和无限之路，领上良心的昭示和教会的宣告之路。"[51]从中可以看出，纽曼认为大学教育中教会对知识的职责是大学的应有之意。但究竟教会与大学是什么关系，天主教大学的根本特征是什么，这都是纽曼进一步论述的问题。

纽曼从知识的整体性出发，反对现代大学将神学边缘化的做法，主张神学在大学教育中地位与作用。但同时，他也反对将大学视为"神学院"，如果如此，那将违背大学的本质，即使是一所"天主教大学"也无例外。在此，纽曼一方面肯定教会对大学教育的直接、积极的管辖与参与，另一方面则反对将大学视为是教会的一个机构的做法，大学有其独立性和自由，并不隶属于教会。天主教大学的本质并不在于大学中设立了多少的神学席位和教会怎样施加了自己的影响，而在于具有"天主教的精神"，在于教会"为这种大学注入纯洁的、非世俗的精神，领导并塑造其组织，监管其教学，团结其同学，督导其运作"。[52]

纽曼的这种认识也许在实际中难以实现，但却指出了一种事实，即，大学的世俗知识会危及到一所具有宗教办学背景的大学的宗旨。现代大学标榜理

---

50 《大学的理念》，第82页。

51 《大学的理念》，第187页。

52 《大学的理念》，第186页。

性，而纽曼认为，正是那些人类的理性大师会使启示真理遭受伤害。在他看来，主要有两个方面的伤害：一种来自科学，它会排斥信仰，完全忽视神学真理，会将基督宗教启示的各种信条如恩宠说、十字架的传道、圣母敬拜以及对罗马教廷的忠诚等，视为耻辱并极力贬低之；另一种来自文学，如果说科学对启示真理的伤害是直接的伤害的话，那么文学的伤害可能就是间接的了，因为它采用的手法是在精神上往里面"掺假"。它根据启蒙时代的需要，要对基督宗教这种"封闭的、低级的""大众宗教"进行"纠正、软化和改进"，比如"从自己的角度去看待启示宗教，将其融合和重塑，转变它的基调，调整它的和谐，划一个圈子来圈定它，而这个圈子这里被莫名其妙地砍掉一截，那里又不适当地多了一段。"[53] 在这种情形之下，大学教育就不再是基督宗教的"同盟"了，而是背离了与基督宗教的相似性，成为基督宗教"暗藏的和危险的敌人"。

需要说明的是，纽曼这里提到的文学，应该是包括哲学等一切人文学科在内。如果扩大理解的范围，纽曼所担忧的文学对启示真理的伤害同样存在于今天的大学之中。当然，今天教会的地位与处境与纽曼时代已经有了根本的变化，面对多元化、世俗化冲击下"众声喧哗"的大学教育，已经基本听不到教会的声音了，她已经失去了在时代和社会中的话语霸权。但是，无论对于世俗大学还是对于宗派性大学而言，一个无法回避的问题就是，如何看待和处理大学中的宗教研究与神学的关系问题。正如德考斯塔所指出的，在现代大学中，神学已经成为宗教学研究的"巴比伦之囚"。换言之，神学作为教会建制性的研究局面已经被打破，人文知识界热衷于构建以"学术性"、"公共性"为品格的神学，试图在比较宗教学和多元文化背景下讨论神学的"公共价值"。这种努力无可厚非，但有的学者也尖锐地提出一个问题，即那种"根本从未深思熟虑过相关的公共价值是否及如何有机地联结在基督宗教的传统之中"，认为基督宗教神学要参与"公共神学"建设，首先就要弄清自身的独特性，认识自身的传统。[54] 但这个问题，对于基督新教而言，显然过于沉重，到哪里去找它自身的"独特性"与"传统"呢？

其实，纽曼对神学的"公共性"问题也进行过思考，而不是仅仅局限于上述他对改造过的神学或"公共神学"对启示真理的担忧。纽曼的思考，显

---

53 《大学的理念》，第187页。

54 赖品超：《基督宗教对公共价值的迎拒与商议——评析德科斯塔的神学》，《基督宗教研究》，第十一辑，2008年。

示了他既开放又保守的基本立场。对于教会建制内的神学建设，纽曼主张实现教会权威、神学家与平信徒三者之间的互动与平衡，神学家可以进行"学术化"的神学研究，但从根本上应该服从教会权威，同时教会权威也应该尊重神学家的个人研究；平信徒尽管不能参与教义的制定，但也可以发挥教会神学建设中的"咨询"作用。从理想的角度而言，这样一种神学建设，不仅可以形成生动活泼的神学研究，而且也可以保证信仰真理不至于流失。对于今日教会建制内的神学建设应该具有一定的启发意义。

另一方面，纽曼对于神学在大学乃至在社会中的地位与作用也有相关的论述：

> ……如果教会仅以使人成为国家的善良分子这件事，这种讨论当然很有道理；……那么，教会毋宁是在它既经拯救了那少数人之后，便算尽了天职了；然而，如果它藉上帝的恩而始终依据那高一等的目的，使大多数人也受到约束，受到感化，而且有所觉悟，那么，它可以说是比尽天职更胜一筹了。[55]

在此，纽曼并没有将教会的职责仅仅满足于信众的得救，而是将之推至社会的层面，教会也可以通过自己的信仰见证和大学教育事业培养"良好国民"。所以纽曼所理解的教会，并非是封闭的教会，而是面向社会，参与公众生活，塑造国民道德提高国民精神境界的教会。教会这一任务的完成，显然是有赖于教会的大学教育，在纽曼的大学理想中，"公共广场"与教堂，世俗主义者与基督徒都可以相互促进、和谐共处。正如他对博雅教育的理解，博雅教育不是要去培养基督徒，也不是去造就天主教徒，而是造就具有卓越心智的"绅士"，这是博雅教育的基本目标。但纽曼似乎并不满足于此，因为博雅教育无法提供绅士在道德方面的保证，绅士有可能也是"假装和虚伪"的，绅士所拥有的那些优良品质"绝不是圣洁的保证，甚至也不是良心的保证"，因为这些品质可以附丽于荒淫无耻者，可以附丽于冷酷无情者。因此，博雅教育还应该有其根本的宗教目标，这正是教会的职责所在，教会和大学中的神学就是要引领人进入更高的目标之中去。但是，纽曼并不是以此而认为宗教与大学是相对立进而以宗教的目标去否定大学的教育；事实上，他认为，大学的博雅教育正是完成宗教目标的途径和手段，正如一所医院或一座济贫

---

55 [英]纽曼著:《纽曼选集》，许牧世等译，香港基督教文艺出版社，1991年，第437-438页。

院，虽然它们的目标不是永恒的，但却可以圣洁化而为宗教服务。纽曼最后的结论是：

> 我们要到达天堂，也可以靠利用这个世界，尽管这个世界必然会逝去；我们要完善自己的天性，不是靠取消它，而是靠给它增添某种超过天性的东西，并把它引向高于它自身的目标。[56]

本章小结

启示与现代知识和教育的关系问题是纽曼启示理解中的重要内容。纽曼先于达尔文而在其《论基督宗教教义发展》中运用进化思想论述教义发展问题，对达尔文的进化论也有辩证的看待；他的这种对科学的开放与包容，源于他对神学与科学关系的认识，即认为两者既相互独立，同时也存在交叉。与纽曼科学观相关的是他的知识观与教育观。在知识观上，纽曼提出了"作为自身目的的知识"的思想，这成为其大学观的基础。在大学观上，纽曼认为大学是传授"普遍知识"的场所，大学教育的理念应该是"博雅教育"。想象是理解纽曼博雅教育本质内涵的关键。关于博雅教育的具体实践，纽曼主张神学和宗教教育在大学教育应该占有一席之地，教会在大学教育中也可以发挥独特性作用。

---

56 《大学的理念》，第 122 页。

第五章　纽曼启示理解的基本特征

第一节　转向主体

如同其他一些著名的思想家一样，纽曼也有很多的名言警句，如"为了活，就必须改变，为了完美，就要不断改变"，"生命就是行动"，"成长是生命的唯一表达"，"心与心的交谈"等。另外，纽曼在《自辩书》中曾坦言自己栖息在两个自明的存在之中，它们分别是"个我"与"创造者"。因这种认识，有研究者就称纽曼为柏拉图主义者，他具有内省的个性。这同时也表明，纽曼具有深刻的冥契经验，也正因此，威廉·詹姆斯（William James）和若望·希克（John Hick）都将纽曼视为是伟大的灵性导师。可以说，主体问题是纽曼启示理解的一个重要主题和基本特征。

一、现代与后现代关于主体性概念的讨论

曼斯菲尔德（Nick Mansfield）曾对从弗洛伊德以来的主体性问题进行过专门研究，他在《主体性：从弗洛伊德到哈拉维》一书中指出，主体性"是用来表述内在生命或自我的一个词，尤其是当依据它与性别、权力、语言、文化、政治等联系而对它进行理论化时。"[1]在此，曼斯菲尔德对于主体性的理解包括两层基本含义：首先，主体性就等同于自我；其次，主体性一定是与其他的实在联系在一起的。对于上述两个方面，纽曼都曾进行过关注。后面，我们将对此进行论述。

---

[1] Nick Mansfield，*Subjectivity: Theories of the Self from Freud to Haraway*（New York University Press,2000），p.185.

一些现代主义思想家如弗洛伊德、拉康等都肯定主体性的合法地位，认为主体性是可以"建构的"；但一些后现代主义思想家如尼采、福柯等则认为所谓的主体性不过是一种假象，尼采高呼"上帝已死"，福柯则声称"人已死"，后现代主义宣扬的显然是一种"主体死亡论"。现代主义者还致力于对主体性的结构与发展进行分析，但后现代主义者则认为主体并没有稳定的中心存在。

（一）现代思想家的主体论

在现代主义思想家关于主体的认识中，弗洛伊德的观点尤其值得关注。弗洛伊德作为人本主义心理学家提出了"潜意识"学说和以"本我"为基础的人格理论。他的"三重人格"理论是其精神分析的核心，根据他的分析，一个完整的人格结构包括"本我"（Id）、"自我"（Ego）和"超我"（Supergo）三个动态能量系统。本我代表"生命的第一原则"，实质上就是"潜意识"，它是指人的本能，遵循"快乐原则"，一切活动以满足欲望为目标。自我代表"生存的现实原则"，自我不能像本我那样仅仅满足本能，而是要遵守那个充满风俗、法律和责任的社会，它会对本我具有抑制作用。超我代表"生活的理想原则"，它表达的是道德的自我，是人类心灵中高级的和超个体的部分。超我具有三种功能："自我监视、良心和理想"。弗洛伊德认为，当人格中这三个部分协调和平衡时，人的心理状态就会趋于正常，相反，则会出现精神病态。

总之，弗洛伊德人格心理学所体现出的主体论哲学主要包括以下几层含义：首先，主体是确实存在的，而且它也是可以被认知的，可以对它进行分析；通过分析，可以发现在三重人格中，只有本我才是"真的自我"，正是由于本我的存在，从而有了自我身份与他者身份的判别。其次，主体或个我涉及我与他我，个我与社会的关系，主体的三个面相处于一个动态系统之中，主体的生成与个我的各种经验密不可分，它会受到个我的自身经历以及社会环境的影响。最后，主体会对自我负责，因为自我不仅会受到社会的约束，同时更受到超我的监督，所以正常的自我会具有"自律性"，会选择道德化的行为。后来拉康呼吁"回归弗洛伊德"或"回归主体的真理"，提出了"镜像理论"，进一步发展了弗洛伊德的"潜意识"说，认为潜意识乃"他者"的话语，进而宣称"我是他人"，强调主体的"间性"。

（二）后现代思想家的主体论

首先，需要区分几个基本的概念，即"后现代"、"后现代主义"和"后现代性"。"后现代"主要是一个"时代"概念，"后现代主义"是一种文化艺术的表现形式，"后现代性"则主要是指一种时代精神。本书主要讨论"后现代性"语境下的主体论。

后现代思潮进入哲学领域是在 1979 年利奥塔的《后现代状况：关于知识的报告》出版之后。在这本书中，利奥塔将"后现代"定义为"对元叙事的怀疑"，他试图在此基础上重建一种与现代性不同的后现代的知识与社会游戏规则。根据鲍曼（Zygmunt Bauman）的理解，后现代是一个"非规则的"时代，具有"不确定性"。后现代不追求"标准"和权威，而是追求个性和价值的多元化，或者如特雷西（David Tracy）所言，在后现代具有"多个中心"。

对于主体的理解，利奥塔认为它并非是能动的构造者，而是被建构的，因为"自我并不是一座孤岛"。后现代思想家们试图建立一种新的主体学说，他们不是像现代思想们那样去将主体视为笛卡尔意义上的自我决定、独立自足的主体，天生的或本然的主体，而是将其看成是社会环境或权力所生成、造就的产物，例如福柯就宣称，"主体是在奴役和支配中建立起来的"。对于这些后现代思想家而言，所谓的主体不过是一种假象，主体并没有真实的存在或结构，即使存在有所谓的主体，那也不过是社会"强加于"它的。具有讽刺意味的是，后现代思想家在将主体意义"解构"后，却又高扬"主体性"。只是，他们所标榜的这种主体只是脱离了历史与文化的主体的"碎片"，这样的主体是不必为个人和世界负责的存在，这样的主体在这个世界上只能作为"观光客"或"流浪者"而存在。

二、纽曼关于"个我"的认识

纽曼在其《哲学笔记》中这样写道："……人并不是直接知晓存在，而通过它的状态而知晓存在……所以这些状态的功能或它们的运作就构成了最初存在观念的一个组成部分。"[2] 后来他又提到，尽管并不容易弄清导致思维卷入存在事实的最初因素具体有多少，但至少可以肯定的是，不仅记忆、情感和理性而且良知都在其中发挥作用。因此，纽曼才会说"我有情感，所以我存在"，或"我有良知，所以我存在"。但对纽曼而言，这里的"我"都不过是

2　P.N. 2:43.

"事后"分析的结果，而最初却是"一种复杂的本能活动"，其中"把握"和"判断"都是自然发生的心智活动。

在所有这些"精神活动"中，良知最为纽曼所关注，他认为，主体的良知经验并不仅仅满足于对于自我的把握，而且它自身就是一个与天主相关联的主体。良知具有两个分别独立但无法分开的特征，道德感和道德责任。道德感让人知道对错，道德责任则让人弃恶从善。良知的这两个维度都是正确行为的规则与保证。良知与人的情感和情绪密切相关，所以纽曼在很多时候也直接将良知称为是"良知感受"。人的良知会带给人痛苦或喜悦等不同的心理感受。但纽曼认为，这种感受不单纯是心理学意义上的那种感受，而是有着深刻的神学意涵。人通过不同的心理感受会隐约意识到超自然的绝对宰制者的存在，这样通过良知，人心中就会产生天主的"形象"。也正因此，纽曼才将良知称为是"宗教信仰的创造性原则"。但是纽曼所讲的宗教或宗教意识主要是属于伦理的范畴，也就是说，良知感受是与一定的行为表现联系在一起的。

人灵对良知之声的回应表明，自我与神圣存在之间具有一定的联系。不同的人对来自神圣存在的道德律令的态度并不相同，有的遵从有的抗拒，但无论如何，那种神圣律令总会通过良知对人发生作用。对此，纽曼这样解释：

> ……尽管神圣者的形象在我们内，可能会越来越亮越来越强，也可能会越来越弱甚至消失，这些都取决于每个个人及其所处的环境……（尽管）有的人会违背他的道德感，变得少廉寡耻……（但）那同样见证了那不可见的审判者的存在。[3]

所以，尽管人通过良知对天主的把握是一个"自发"的过程，但那一行为仍是人的自由的选择，人可以去选择信守同样也可以选择背离，天主并没有剥夺人的自由意志。人通过良知经验建立起的与天主的关系并不是一种当下的经验，而是一种"绝对的信仰目标"。对于纽曼而言，这一目标就是靠人在日常生活中的践行的道德义务最终得以实现。[4]

纽曼关于"自然宗教"的论述，实际上是将历史分析与当代哲学所讲的现象学分析结合了起来。从历史分析的角度而言，纽曼的历史研究显然达不到当代历史学研究的水准；但他所关注的并不是宗教的历史，而是宗

---

3 G.A.,pp.79-80.
4 G.A.,p.116.

教意识的生长发展过程。在此，充分展示了纽曼对于现代心理学敏锐的洞察力。他也充分意识到天主"形象"，也会非常依赖各种"外在的"的因素和环境：

> 对于那在自然之上的神圣存在在多大程度上影响了这最初的宗教知识，我们没有办法确定……但如果说没有外界的帮助，就能引出它的潜在于人心中的因素，却是非常值得怀疑的。[5]

纽曼坚持认为，天主的"形象"必须通过教育、社会交往、经验和文学得以扩展、深化和完善。[6]如果一个人的教育和信仰实践不足以"充实"他心中的天主的形象的话，那么他所经历的祂首先就是一位"立法者"和"法官"的形象。

尽管良知首先经验到的是天主作为"法官"的形象，但祂还有另一面仁慈好施的形象。因此，"自然宗教信仰"就具有了两种特性，即祈祷和希望。在纽曼看来，希望是一种不可遏制的生存渴望，或者是绝对者向人发出的邀请与召唤。所以，纽曼这样写道：

> 对于人心而言，自然宗教最重要的一个影响就是为启示宗教做了预备，它是一种期望，期望给予一个启示……这种预感深植于我们的感觉中，一方面我们会感受到天主的无尽的美善，另一方面则会感受到我们自我的极度的穷困与需要——这就是自然宗教两项最基本的教义。[7]

纽曼认为，只有犹太教和基督宗教才可以满足人的这种信仰渴求。所以，尽管对于启示的期待是"自然宗教的内在组成部分"，但是自然宗教仍然只是基督宗教的"黎明"，只有透过"基督宗教之光"人才可以使自己获得完满和准确的天主形象，仅仅靠自然宗教下的良知经验是不够的。

但这并非说自然宗教与启示宗教在本质上是割裂开来的。基督徒自身实际上并没有将自己独立于自然宗教之外，基督徒只是在他们的良知中打上了基督的印记，天主子耶稣基督就在基督徒内心最深处或其良知之中。无论是在自然宗教还是在基督宗教内，主体都会去追求它自身的一个目标，也正是在此过程中主体才认识到真实的自我。换言之，信仰反思就是走向接纳那超

5　G.A.,p.79.
6　G.A.,p.80.
7　G.A.,pp.277-279.

越性的天主存在的门槛，人通过"外在的存在"而认识一位负责任的，可以对人进行褒奖和责备，进行预许和恐吓的造物主的存在。[8]

正是这种由内在到外在，由个我到天主的运动，才使得普茨瓦拉将纽曼的整个神哲学视为是天主教思想史上的一个巨大转向，即由经典的客观形而上学体系向主体性神哲学的转向。传统的天主教神哲学对于信仰的"实在"所进行的是一种系统性、理智性的探讨，而纽曼则是要讨论的则是信仰实在的历史主体性问题，他关注的焦点是信仰实在在历史中的具体实现。基于这种认识，普茨瓦拉在1923年提出一个惊人的观点，他指出，当代天主教神学应该进行的是一种将历史与形而上学结合在一起的探究，而纽曼和多玛斯就是这种神学探究最为典型的代表。

三、纽曼与现代/后现代关于主体问题认识的不同

（一）有情的主体

纽曼所理解的主体并不是笛卡尔哲学中理性自足的主体，而是一个有情的主体，"意识实际上并不是一个简单的存在，而是包括了行为或激情……"[9]。换言之，这主体是有血有肉的主体，是可以思考、意愿、感受和想象的主体。尽管纽曼强调人之存在的具体实在性，但他同时也承认主体具有宗教意识，主体可以认识天主。另一方面，主体对天主的认识是天主启示自我传达的结果，在主体与天主之间存在一种互动的关系。这在人的良知经验中可以发现，人的良知就是对天主之声的回应。这同时也说明，天主并不是直接向人启示自己，而是要通过良知或其他的媒介得以实现，而且衪的启示也需要人的回应，如果没有人心的反思，就永远不会听到衪的声音。

纽曼曾指出，人的良知的萌发大约与人的理性能力的出现差不多，都是在五六岁时。弗洛伊德同样重视儿童经验并在此基础上形成自己的宗教理解，在他看来，宗教产生的根源在于人的"无助感"和"焦虑"，为了摆脱这些负面的心理，人就要寻找一个更高的权威，就如同儿童将父亲视为权威一样，于是人就虚构出各种神祇和上帝以寻求庇护。与纽曼不同，弗洛伊德直接将良知经验简化为那种"坏的良知"，因为他过分强调了人心的"羞耻感"和"罪感"。纽曼的理解也许更为折中，他更强调人心"好"与"坏"

8　G. A., p.47.
9　P. N. 2:33.

的辩证关系，尽管人心有坏的一面，但却不会因此阻止它追求善，实现道德和精神的完美。

（二）负责任的主体

后现代思想家在宣告"人已死"的同时，实际上也就宣判了道德的死刑，所以他们所面对的一个问题就是道德的根基究竟在哪里。对于纽曼而言，道德的根基就在于主体自身的本质之中，或者说，在良知经验结出的果实自我意识之中。

纽曼承认良知在人的精神活动中具有合法地位，人有良知是很自然的一种现象，这就构成了一个无需证明的"假设"、"第一原则"，如果对此加以拒绝，那么任何的讨论将毫无意义。[10]纽曼所讲的第一原则并非是哲学家们推论思辨的前提，而是具有存在论和生存论的维度。当人的良知发动时，也就是第一原则发生效用之时，而良知的一个重要维度就是道德义务。人根据第一原则行事，也就倾听了良知的召唤，履行了自己的道德义务。可以说，个人履行由第一原则而来的道德义务就是忠实于自己的良知，也就是忠实于自己的存在，因为按照纽曼的认识，个我的存在与良知存在是一致的，"我有良知，所以我才存在"。良知存在是自明的，所以个我的存在也同样是自明的，在此，纽曼根本不必如现代思想家那样将主体存在建立在理性基础之上，也不会像福柯那样的"反主体"的后现代思想家一样去根本上解构主体，以所谓的"权力"去建立主体性的基础。纽曼理解的主体是负责任的主体，因为这一主体与另外一个自明的存在即天主的存在紧密相关，所以它不会像康德那样实行道德"自立"，它的道德根据在于天主，它要履行对天主的"神圣责任"，并在此过程中实现自身的超越。

（三）动态的主体

纽曼所理解的主体并不是一个静止不动的主体，而是一个处于动态变动中的主体。首先，个体的灵魂会踏上朝圣之旅，它面对的是一位令人又爱又惧的天主，个体的灵魂会经常经受各种的试炼和良心的考验。其次，个体就其本质而言，并非自立体，它要依赖天主和他人。这就如同后现代思想家所主张的，主体就其自身而言并无存在的依据，它要被"他者"所建构，它要对"他者"负责，也正是在此过程中，主体才被建构起来。最后，主体是自

---

10 G.A.,pp.73,45-46.

我超越的主体。主体会处于真实的变化过程中，不断地完善它最初的本性，为上面那一位所召唤在爱中真正建立起自我。

四、转向主体的启示神学

（一）良知：联系主体与启示的纽带

良知在纽曼神哲学中具有相当重要的地位，由于对良知的倚重，纽曼的哲学甚至被称为是"道德的人格主义"（moral personalism）。对于纽曼而言，良知存在的意义并不仅仅是主体存在的依据，而且更是联系主体与启示的纽带，正是良知的存在将人的心智带向一个外在于我们的上帝。尽管主体与启示具有无限的距离，但仍可以通过良知实现主体向上帝的对越。人通过个体的良知经验可以"聆听"到上帝的启示，获得形象，良知成为信仰的伟大原则，一切自然宗教信仰的基础也即在于此。也就是说，上帝的启示通过人的良知普遍存在于不同的文化与传统之中，人类不必通过理性神学或自然神学的逻辑论证，依靠个人的良知同样可以走进上帝，上帝的启示具有人类学的意义。

上帝通过良知在自然宗教中所体现出的一种普遍启示，但同时祂对基督宗教却表现出一种特殊启示。在这种特殊启示中，良知同样具有不可忽视的地位。纽曼强调个人良知在基督信仰中的自由，但另一方面他也认为个人良知应该与教会权威相一致，否则就可能导致信仰中诸如个人私断那样的自由主义。也就是说，上帝的启示固然可以向个人传达，存在"个人启示"，但基督宗教启示真正的保有者和传承者仍然在教会内。因此，纽曼主张圣经、圣传和圣训之间，平信徒、神学家与教会之间都应该保持一定的平衡。

（二）推断感：良知经验上帝启示的认识论基础

既然主体可以通过良知经验到上帝的存在和启示，那么良知又是怎样获得这种经验呢？这就涉及到了良知经验上帝启示的认识论基础，纽曼在论述启示/信仰与理性的关系时，对此有细致的论述。纽曼认为上帝的启示既包括祂的话也包括祂的形象，在理解上帝的启示时，既需要对逻各斯的沉思，同时也需要对基督事件的生命卷入。因此，仅仅靠理性不足以理解上帝的启示，理解上帝的启示还需要信仰的眼睛。为此，纽曼在安立甘时期提出过"内隐理性"，后来在《赞同的法则》中又提出了"推断感"的概念。根据他的观点，人对上帝启示的把握不应该只是那种"概念上的把握"而应是"真实的把握"，只有通过"非形式推论"才可以获得"真实的把握"，也才可以获得对上帝信仰的"真实的赞同"。在人的心智中能够进行"非形式推断"的一系列原则被纽曼称之为是"第一原则"，第一原则最基本的表现形式就是"推断感"。纽曼所讲的第一原则就是人的良知，良知通过运用想象获得上帝的启示。因此，可以说纽曼所讲的"推断感"在信仰中的具体发动就是人的想象。

（三）想象：认识上帝启示的心理基础

对于纽曼而言，"形象"是一个非常重要的概念。与概念相比，形象与人对事物的情感的关系更为直接，因而与对事物的概念上的把握不同，想象在人对事物的真实的把握中具有中心的地位。[11]纽曼认为，人的想象具有一种"创作"（composition）的功能，通过这种功能可以在人内心形成各种印象、形象。也正是通过这种创作功能，人可以对过去或未来的真实做出判断，也可以对其他人的观点做出解释。对于纽曼而言，经由这种方式而形成的一种典型的形象就是关于道德的主宰者的图像。[12]尽管纽曼承认这种形象是个体内在心智发展的自然而然的一种产物，但他也并不否定其形成也会受到外在因素的影响。[13]但考究形象的来源显然不是纽曼关注的重点，他所关注的只是形象在认识启示和信仰中的功能。

关于上帝作为道德主宰者的形象必然会影响到一个人关于自然和人自身的认识。宗教信仰的想象：

> ……可以通过它先前的内在教导而对它所看到的周围的世界做出解释，它是解释那个无序、复杂迷宫一样的世界的关键；所以通过它，即使是面对那些最难解释的物质现象，也可以获得越来越连贯和流畅的上帝形象。[14]

尽管纽曼承认并不能将这种上帝的形象直接等同于上帝的启示，但他同时的确主张上帝启示的目的就是要给人们的信仰提供一个清晰的、完整的、准确的目标。[15]事实上，纽曼进一步解释道，基督宗教在世界历史中的权力和影响就是通过基督形象来实现的，耶稣基督将自己的形象印刻在信众的心中，进而才出现了基督的信仰和教会。对此，纽曼的结论是：

11 G.A.,p.57.
12 G.A.,p.84.
13 G.A.,p.88.
14 G.A.,p.89.
15 G.A.,p.90.

……（耶稣基督）形象，为每个个体的心灵所把握与敬拜，变成一项联合的原则，通过这一形象，每个信仰主体都联合成为一个真实的整体。而且这一形象临在于他们的道德生活中，也是他们最初皈依的工具。[16]

这样一种结论就体现了纽曼的一项根本原则，即，启示进入人的内心，一般不是通过理性，而是通过运用想象，借助印象、事实或事件的证据、历史和描述而实现。[17]

纽曼在强调想象的同时，也注意其与"设想"（conceive）的区别。他认为，想象可以完成设想所无法完成的事，例如对于神话，设想是无能为力的，而想象则可以做到。但是想象本身并不能让人作出判断或赞同，因为一个人不可能赞同那没有理由和依据的命题。[18]纽曼指出，绝不可以将想象在真实的赞同中的作用等同于那些形象所代表的实际对象的存在。[19]换言之，人不能说因为拥有了对事物的印象，就可以说对事物有了真实的把握。这也就是说，想象是一种"非形式推论"，它同样需要"形式推论"。在理解把握上帝的启示时，想象不能完全取代理性，理性对于探求上帝的启示同样也是必须的方式。

五、拉纳尔的神学人类学

"转向主体"是现代西方哲学的一个重要路向，从笛卡尔到康德，从现象学家到存在主义者等都曾促进过这种转向。现代天主教神学也自觉不自觉地遵循着现代哲学的这种转向。纽曼并没有主动去建构一套主体论神学体系，但如上所述却在很明显地适应了这种主体转向。当代天主教神学家拉纳尔则自觉开创了转向主体的神哲学理论体系，即先验论的神学人类学。而且，拉纳尔所运用的神哲学概念、方法等也都曾深受纽曼思想的影响，在此意义上，可以说纽曼是现代天主教神学人类学的先驱人物。

拉纳尔代表性的神学人类学著作是《圣言的倾听者》。这是一部将天主教神学思想与近现代哲学的"主体转向"连接起来的著作，拉纳尔一反经院哲学家"由上而下"的神学探讨方式，采取"由下而上"方式去探讨启示之可能

---

16 G.A.,p.354.
17 G.A.,pp.70-71.
18 G.A.,p.152.
19 G.A.,p.61.

性及其传达的问题。他首先区分了两种启示，即"先验启示"与"范畴启示"，前者是指人类学意义上的上帝启示，后者则是指具体的、历史的上帝启示。"先验启示"的基本内涵是"超自然实存"，超自然实存既不是外在主义的启示论，也不是内在主义的启示论，而是指在人的生存中上帝自我传达的普遍临在，而恩宠就代表了上帝与受造物之间的这种先验的沟通方式。先验启示和超自然实存所要表达的是上帝启示的敞开性，当然这也不否认上帝启示的奥秘性。在解决了上帝启示的敞开性之后，拉纳尔所要解决的另一个重要问题就是人对超自然实存和上帝启示的敞开性的问题。为此，他将人的本质定义为是"精神的存在"，对于拉纳尔而言，人就是一个面向上帝超越自我的个体，人先验地具有"倾听"圣言的能力，倾听来自于人对无限的不断的追问，人之追问的无限视域会随着其得到的解答而不断向前延伸，"每一个回答都不过是一种新问题的开端而已"。而人的这种先验能力就是拉纳尔所讲的"前把握"，前把握是指人的一种预先把握，它并不是要具体指向一个目标，而是作为认识之可能性的前提条件。拉纳尔的"前把握"与纽曼的"第一原则"有点类似，因为纽曼所讲的"第一原则"同样是人对事物进行把握的一项前提条件，同样是一种内隐的、非反思的意识。既然前把握并不指向具体目标，那么它的指向和具体内容是什么呢？拉纳尔认为，那就是"心相"，也就是纽曼所讲的"形象"。在此，拉纳尔并不是直接受到了纽曼的启发，而实际上是受到了多玛斯神学的影响。拉纳尔在他另一部重要的神学奠基之作《世界中的精神》开始就提到了多玛斯《神学大全》中的"转向心相"（conversion to the phantasm），所谓转向心相就是由纯粹理智转向感性直观，在此，拉纳尔的思想与纽曼的想象、隐含理性、非形式推论、推断感等思想再次不谋而合。对于纽曼而言，人的良知通过运用想象获得对天主形象的真实把握；而对于拉纳尔而言，转向心相就预设了人对于绝对存在具有一种先天的知识，他就可以在"想象"的基础上建构一套神学人类学的形上学了。

第二节　转向历史

启示与历史的关系是一个具有丰富含义的命题，之所以丰富是源于历史概念本身的多义。历史概念意蕴丰富，但大致涉及三个主要的层面，即事实、方法与哲学。这三个方面与艾柏林对于作为神学之学科的教会史的理解大体相当，他认为教会、教义史应该涉及经验、诠释与真理三个层面。[20]历史在纽曼的启示理解中具有重要的地位。他关注研究教会、教义历史，在神学中大胆运用历史学的方法，他的启示理解中充满了历史意识和历史思维，转向历史成为他的启示理解的又一重要特征。对纽曼启示理解的历史转向，可以分别从历史与教义，史学与神学以及历史哲学与启示三个层面进行阐述。

一、教义与历史

（一）教义史中的正统与异端

作为事实的历史主要是指过去的经验事实，包括事件、人物，也包括思想观念，对于基督宗教而言，则主要是包括基督宗教观念史、教义史和教会史。纽曼不仅被称为是神学家，同时他还被称为是历史学家，因为他对于古代的教会史、教义史有着深刻的理解与研究。

1、作为教会、教义史家的纽曼

纽曼著有大量历史著作，这些著作差不多占了其全部著作的一半，主要包括：《论四世纪的阿里乌主义者》（*Arians of the Fourth Century，1833*），《圣阿塔那修选集》（*Select Treatises of St.Athanasius，1842*），《评论与史论合集》（*Essays Critical and Historical,1828-46*），《历史短篇》（*Historical Sketches,1824-56*），《论基督宗教教义发展》（*Development of Christian Doctrine,1845*）《天主教徒在英国的目前的定位》（*Present Position of Catholics in England，1851*）另外，纽曼还创作有历史小说《卡利斯特》（*Callista,1856*）及个人自传《自辩书》（*Apologia，1864*）。

纽曼在历史方面的贡献得到历史学家们的高度赞誉。当时最著名的教会史家杜林格（Dölinger）就认为，纽曼对于初期教会尤其是关于阿里乌主义的历史著作具有典范的意义。19世纪末的历史学家杜谢耐（Duchesne）认为纽曼直到他那个时代还是关于教父时代研究的权威。阿克顿虽然与纽曼在历史观上有巨大的分歧，但却仍然盛赞纽曼对于历史素材的组织驾驭能力。

2、牛津运动前对于尼西亚大公会议前教义史的研究

1828年，纽曼开始系统地阅读古代教父作品，关注早期教会的神学争论

---

20 [德]艾柏林著：《神学研究》，李秋零译，中国人民大学出版社，2003年，第99-102页。

和教义的形成，并为之深深吸引。1830 年，纽曼接受于格·罗斯的计划，着手研究尼西亚大公会议，这是他第一次去触摸尼西亚大公会议之前的历史，由此，他开始了对于亚历山大教父作家的深入研究。后来，他这样来表达自己对尼西亚大公会议之前的亚历山大教会和亚历山大学派的憧憬之情：

> 前尼西亚时期最吸引我的是伟大的亚历山大教会，它是这些时期教导的历史中心。在亚历山大发生的第一次争论是阿里乌与阿塔那修的争论，最终阿塔那修取得了胜利，在他的作品中他提到了一些伟大的名字：奥利振、迪奥尼修斯等，他们都是亚历山大教会的光荣，都属于亚历山大学派。克莱孟和奥利振的哲学俘获了我；是哲学，而不是神学；我像一个初学者一样，满是热情和新鲜感。他们的思想像音乐一样，进入了我的耳中，久久萦绕。[21]

作为研究亚历山大教父作家的结晶，纽曼在 1832 年 7 月完成其第一本神学著作《论四世纪的阿里乌主义者》，这本书在 1833 年牛津运动前出版。在这本书中，纽曼充分表达了"教义是信仰的脊柱"的思想，也正是在此基础上，后来他才提出了"教义发展"理论。

作为背景交代，纽曼在书的第一部分简要勾勒了尼西亚大公会议之前教会内存在的与阿里乌异端有关联的派别和教义，主要有诡辩术（Sophists）、折中主义（Eclectics）和萨培里主义（Sabellianism）。在第二部分，纽曼论述了与阿里乌异端相关的前尼西亚大公会议的教会训导。在第三部分，纽曼论述的是君士坦丁统治时期的尼西亚大公会议。在第四部分，纽曼论述的是君士坦丁统治时期的其它宗教会议。最后一部分则是君士坦丁之后的宗教会议。

在这部书中，纽曼提出了一种假设，即尼西亚大公会议之前存在的两种不同的基督教会，分别是亚历山大教会（Alexandria）和安提厄教会（Antioch）。纽曼认为这两种教会具有截然不同的教义和解经原则，从而形成两大神学派别。安提厄学派深受犹太传统和柏拉图哲学的影响，在解释圣经时比较偏重理性和历史，在圣三论和基督论上，主张耶稣不过是一位受造的沟通上帝与世界的先知或超人。而亚历山大学派则坚决认为耶稣就是上帝之子。在纽曼看来，尽管阿里乌论其出生地和和接受神职的地点都是在亚历山大，但却是在安提厄接受的神学训练。因此，阿里乌主张耶稣的受造性质，否认其为上

---

21 Apo., p.26.

帝子。后来尼西亚大公会议谴责了阿里乌的主张，肯定了亚历山大学派的主张，并将其定为教义，形成尼西亚信经。此后坚决捍卫尼西亚信经的教父作家是阿塔纳修，因此，在纽曼看来，亚历山大教会就是基督宗教正统的真正代表，而安提厄教会则是教会的异端形式，这种异端形式对尼西亚之前的教会正统和权威形成了巨大的挑战。

纽曼对阿里乌主义的关注目的，是为了更加清楚地认识、看待当时他所在的英国国教会。为此，他以4世纪的教会情形来类比19世纪的英国教会，他认为当时英国泛滥的福音主义（evangelicalism）和自由主义（liberalism）就是阿里乌主义的变体，它们构成了对英国教会的严重威胁。纽曼对国教会的前途产生了深深的担忧："我对我的教会充满感情，但绝不因此而心软；我对她的前途感到失望，为她的无所作为的混乱而愤怒和蔑视。我想如果自由主义在她之中扎根的话，那将全部都完了。我发现宗教改革时期的原则对于拯救她是无能为力的。"[22]他认为国教会不过是一个地方组织，缺乏普世性，也没有初期教会的活力，所以必须进行第二次宗教改革：

> 但我从没有要离开过她的念头；我仍然想存在比现存教会更高级的东西，那就是从起初就建立起来的罗马教会和使徒统绪，她不过是其地方性的存在，只是那种传统的一个组成部分。除此之外，她什么都不是。她必须要采取有力的措施，否则她就完了。必须要对她进行第二次改革。[23]

纽曼对阿利乌主义的研究成为他以后对于安立甘教会所有质疑的起点，当然，也成为他逐步皈依罗马天主教的起点。《论四世纪的阿里乌主义者》成为纽曼人生第一阶段的结束的标志。

3、牛津运动时期对于古代教父作家的研究

1833年7月，基布尔在牛津大学圣玛丽教堂发表《举国叛教》的演讲，牛津运动由此肇始。适时，纽曼结束地中海之旅，在他所讲的"神意"的指引下，回到牛津，成为牛津运动最为重要的领军人物。牛津运动试图改革振兴英国国教会，为此，以纽曼为首的"书册派"主张恢复英国国教会早已湮没的大公主义传统，重建使徒统绪，摆脱来自国家的"伊利都主义"，克服各种神学和信仰中的各种"自由主义"。

---

22 Apo.,p.31.
23 Apo.,p.32.

上述"书册派"的各种主张皆与他们对于古代教会历史，尤其是对于教父作家的译介、研究密不可分。这一时期，纽曼对于整理、发掘古代教会、教父遗产更是不遗余力。1834 年，纽曼试图编辑亚历山大主教迪奥尼修斯主教（Bishop Dionysius of Alexandria）的著作，但可惜这项工作终究没有完成。在 1830s，纽曼为《不列颠杂志》写了关于早期教会教父作家的诸多传记文章，这些教父主要有：巴塞尔（Basil of Caesaraea）、纳西昂的格列高利（Gregory of Nazianzus）、埃及的安多尼（Antony of Egypt）、奥斯定（Augustine）、图尔的马汀（Martin of Tours）等。后来，纽曼将这些汇编成《历史短篇》。1836 年，纽曼和皮由兹开始组织出版翻译《教父丛书》（Library of the Fathers），这是第一次系统在英国翻译古代教父的文本，内容非常广泛，涉及古代大公教会已经形成的关于使徒统绪，教会的神圣性质以及圣礼真正意义等教导。另外，纽曼还物色了一支翻译团队，翻译多玛斯著作中古代教父的语录，作为对福音书的注脚，最后在 1841 年出版。1841 年，纽曼开始为《教父书屋》翻译圣阿塔纳修的主要教义作品，后来他一生都不断对之进行修改，以使之更具可读性，更容易为天主教正统所认可。

这一时期，在阅读、研究古代教父作家的同时，纽曼还继续关注站在古代教父作家论争对立面的异端思想学说，这种关注对于他最后转皈罗天主教具有决定性的影响。1839 年 4 月，纽曼开始研究 5 世纪的一种异端思想——一性论（Monophysite）；后来纽曼又在 1841 年重新阅读阿里乌主义历史。但这种阅读和研究的结果，却是使纽曼产生了对于国教会的根本怀疑，他得出的结论就是，当时的国教会其实就是尼西亚大公会议之前坚持阿利乌主义和一性论立场的异端。换言之，国教会并不是由使徒传下来的真的大公教会，国教会尤其是其中的高教派所持守也是牛津运动起初作为基本原则所信奉的所谓的"中庸之道"都不过是自欺欺人罢了。纽曼最终得出的结论是："真理并不在国教会，真理在罗马天主教会一方。"[24]也正是基于这种认识，纽曼在 1845 年 10 月转皈罗马天主教。

总之，纽曼对于古代教会、教义史的关注，并非是发思古之幽情；其关注、研究的根本目的在于挽救不断陷于危机之中的英国国教会。但这却使他走向另一个方向，他发现自己所侍奉的国教会不过是古代异端教会的现代形式，只是一种地方性的"教派"，而非具有大公性的"教会"。这样一种研究

---

24 Apo.,p.235.

结果，不仅促使他最终做出转皈罗马天主教的抉择，更为重要的是，促使他进一步从更广泛的视域去关注教义史，从更高的层面去看待教义历史发展中的各种神学纷争和信仰告白，直到"教义发展"理论的提出。

（二）教义发展理论的提出及意义

1842 年，纽曼退居特利尔。这一时期，纽曼让他的弟子们去写关于英国圣人传记，而他自己则以大部分精力去写《论基督宗教教义发展》一书。经过紧张的工作，1845 年至，纽曼终于编成出版了《论基督宗教教义发展》，其中他对他曾反对过的各种天主教会的教义，都以进化的理论加以解释，后人甚至称纽曼的这本著作可与达尔文的伟大著作相媲美。[25]

纽曼的这种教义发展理论突破了安立甘教会神学家们一直谨守的"圣味增爵法则"。传统的安立甘教会的神学家对于尼西亚大公会议之后的教义历史采取了漠视的态度。这种漠视来自于其所遵从的圣味增爵法则，以此来为其信条提供理论依据，并作为反对罗马信条的工具。也就是说，尽管罗马天主教和英国教会都承认古代遗产在宗教问题上具有权威性，但在安立甘神学家看来，罗马教会在以后的历史中实际上背离了古代遗产的纯正主流，唯有英国教会保留了未分裂教会的使徒特征。

现在,《论基督宗教教义发展》则说明，尼西亚大公会议之后的教义发展，主要是罗马天主教的教义发展，根据纽曼利用教义发展原则的分析，并没有背离古代教会的大公传统，罗马教会才是正统教会的代表。当然，在此，纽曼并非要为罗马天主教辩护，也并不是要为其皈依罗马天主教领取一张通行证；他的思考建立在理性和历史的基础之上，他从罗马天主教会那里看到了上帝启示的历史展现，他的良知告诉他只能接受那种理解，他曾说："如果我承认自己已接受早期教会的支配，却仍置身于像多那图派（Donatists）、聂斯托里派（Nestorians）或基督一性派（Monophysites）这样的群体，而非古代沿袭的天主教会，那么在我里面便充满了伪善。"[26]总之,《论基督宗教教义发展》是纽曼的一部心灵探求真理的著作，是一部宗教交谈、对话的著作，是一部纽曼与自己进行"心与心的交谈"的著作。

---

25 Willam Barry，*The Catholic Encyclopedia*（New York：Robert Appleton Company, 1911），Vol.10.

26 Apo.,p.27.

而且，其意义还不仅仅在此，可以说，纽曼的《论基督宗教教义发展》改变了以往整个基督宗教对于历史与教义的关系的认识。17 世纪，当人们无论是谈论天主教还是新教教义时，一般都是将教义发展与教义败坏等同起来。18 世纪，新兴起的历史批评主义也动摇了神学家所认为的古代教父是真理的不可动的标准的观点。而对天主教而言，也无法在神学上接受进步的观念，天主教神学家们更倾向于整个抛开历史，拥抱对于教会权威忠诚的观念。

而现在纽曼"教义发展"理论的提出，却改变了既有的教义理解方式。在看待包括英国教会、天主教会乃至整个基督宗教的教义发展时，在判断教义发展的真理性问题时，纽曼引入了一种动态的、有机的、进化的考察方式，将信仰与历史紧密结合在了一起。这样一种认识，不仅仅是对于英国安立甘教会教义理解的一种突破，而且也是对于天主教教义理解的一种发展，是纽曼对于天主教教义理论做出的杰出贡献。

二、神学与史学

历史概念的第二层含义是指作为方法的历史，或者称为是作为历史学的历史。在纽曼生活的 19 世纪，历史学有了重要的发展，历史研究的实证方法也影响到神学研究，但此时历史对于神学的影响主要还是批判性的作用，圣经和神学上的各种议题都要接受历史证据的检验。与之不同，纽曼主要是从积极的、建设性的途径来利用历史资源开展自己的神学探索，从而不仅避免了中世纪那种具有非历史倾向的经院哲学的套路，而且也开创了从诠释学的角度在历史与神学之间展开积极对话的新的神学研究路向。

（一）"或然性是生命的向导"

1、接受"或然性是生命的向导"的原则

1823 年，纽曼在奥利尔学院阅读了巴特勒的《自然宗教与启示宗教之类比》。据他后来说，巴特勒有两大原则对他以后的思想产生了深远的影响：第一项原则是，"圣礼性的原则"；第二项原则是，"或然性是生命的向导"。[27]

自然神论者（Deist）承认宇宙的神圣创造者的存在，但却拒绝将其等同于基督教的上帝。巴特勒不仅肯定上帝的存在，而且认为自然与圣经的类比，可以为造物主实际上就是上帝的认识提供证据。巴特勒认为，那些由于圣经存在不可理解的诸如奇迹等因素而否认圣经的真理性的自然神论者，同样可

---

27 Richard H. Hutton,*Cardinal Newman*,p.20.

以通过类比的方法在自然中发现更多的困难因素，在自然界中存在着与圣经中同样多甚至更多的疑难之处和缺陷，自然宗教的证据和启示宗教的证据一样只能导致或然性的结论。而实际上，圣经和自然出于同一位创造者，两者之间存在同构性：

> 如果在那由启示而知晓的神造万物的系统与由经验和推理而知道的神造万物的系统（即已经被知晓的自然进程）之间存在一种类比关系或相似性的话，那么就可以推断出两者拥有同一位创造者和相同的来源。至少足以回应那些虽承认后者出自上帝之手，却反对从与后者的任何类比或相似的地方推出前者也出自上帝之手的反对意见。[28]

但是，巴特勒在怀疑自然宗教证据的合理性的同时也否定了启示宗教，因而其论辩便具有了"危险的双重性"，竟成为了怀疑主义，宗教非理性主义和信仰主义的导引。[29]

2、先前的或然性

纽曼曾提出"先前的或然性"（antecedent probability）的概念，它是指我们观察事物时的一种"偏见"（prejudice），当然是积极意义上的，那种"偏见"是对于启示之可能性的一种期盼。对于生命而言，仅仅有"一种推论的信仰"（a religion of inferences）是远远不够的，它还需要根据或然性而行动。当一个人进行沉思时，这种或然性就会成为确定性。基督教是关于智慧、个人的启示、做耶稣门徒、成圣的途径的宗教，而不是那些具有超常智慧的人的理智沉思的宗教。但与巴特勒不同的是，纽曼认为这项原则不适用于信仰中的信仰本身。他并且尝试在他能够给予任何信仰的理性与他自己所持有的确定性的那种理性之间进行区分，结论是："仅仅自身等同于或然性的理性经常被神圣意志转化为绝对的确定性。"[30]所以纽曼接受巴特勒的教导，只是从理性为信仰的准备而言，但是却拒绝将这一原则用于对最高真理的怀疑。

---

28 [英]约瑟夫·巴特勒著：《自然宗教与启示宗教之类比》，闻骏译，武汉大学出版社，2008年，第4页。

29 [英]J.C.利文斯顿著：《现代基督教思想》，何光沪译，四川人民出版社，1992年，第103页。

30 Richard H. Hutton, *Cardinal Newman*, p.21.

纽曼对先前的或然性原则非常重视，认为这是他发明的一个重要真理，"……如果说在我所写的著作中有一条贯穿一切的真理的话，那就是在人的确信中，先前的或然性所具有的重要性。以此而论，一个哲学家的皈依与一个工厂女工的皈依并没有什么区别。"[31]可以说，"先前的或然性"原则贯穿在纽曼所有的著作和思想之中，成为他对圣经、教义与教会历史的整个理解一项根本原则。最早是在《论基督宗教教义发展》中，纽曼提出了这一原则并以之对教义史中"教宗的绝对权威"等教义进行辩护。后来又在《赞同的法则》中从哲学的角度对这一原则进一步进行了发挥，其中"标准"、"第一原则"等表述基本上可以视为是"先前的或然性"的翻版。

3、"或然性"原则在历史事件研究中的运用

正是因为对于"或然性"的重视，纽曼在历史研究中非常关注一些偶然性、个别性的事件。纽曼认为这些偶然事件比一般的历史事件更具有真实性，因此，纽曼主张写自传时，"应该对偶然事件有兴趣"就一点也不奇怪了。纽曼对圣经中的各种"神迹"充满热情，深信不疑，而且还专门写作《论神迹》（Eassys Miracles），对神迹存在的真实性进行论证。纽曼的这种认识和做法，在理性主义、科学主义盛行的 19 世纪，显然给人以匪夷所思的感觉。但是，纽曼将"神迹"视为历史真实的目的，仍然是基于信仰的立场，即认为"神迹"是上帝在历史中的启示，是比一般历史更可以彰显上帝德能的历史实在。正是基于这样一种神学目的论原则，纽曼认为，无论是个人生命成长中的一些偶然事件，还是圣经中的"神迹"，与一般的历史证据相比，都更具有"神意"，具有作为历史证据的更大的说服力。在此一点上，纽曼与波绪埃的历史观如出一辙，后者就认为人类历史的全部进程都是由天意指导的。[32]

实际上，不仅教会史中的历史事件的研究应该如此，对于教会史中的特殊人物，如"圣人"和教宗也应该秉承这种立场。这可以从纽曼与阿克顿的分歧中可见一斑。

4、"或然性"原则在历史人物研究中的运用

信仰天主教的阿克顿爵士（Acton）早年在德国慕尼黑学习，曾在窦林格尔（J.I.Dollinger, 1799-1890）家住过六年之久；窦林格尔当时为天主教学术界

---

31 L.D. xv, p.381.
32 [德]卡尔·洛维特著：《世界历史与救赎历史》，李秋零译，上海人民出版社，第161页。

最有声望的代表人物，对于阿克顿的一生影响最大。回国后，他担任《随笔》编辑，试图利用这份月刊来论述欧洲的思想运动和讨论历史、政治和哲学方面的问题。在治史方法上，阿克顿是客观主义的方法，他认为无论世俗历史还是教会历史，都应该秉笔直书，毫不隐晦。

阿克顿和理查德·辛普森（Richard Simpson）在1850-1860年间共同编辑《随笔》，两位都是自由天主教主义者，对于教会历史采取比较自由的态度。也正因此，而曾招致当时怀斯曼主教的批评，主教这样批评《随笔》，"在对待一些一般心目中认为神圣的人或事上缺乏谨慎与恭谨的态度，往往逼近错误深渊的最危险边缘，另外它一向所爱好的种种天性、倾向与动机恰恰是非天主教的而非天主教的。"[33]

最初，纽曼对于《随笔》多有支持。他支持他们加强关于英国天主教的研究，对他们作为平信徒在教会中发挥这种知识作用也表示赞成。但是后来，辛普森写了一篇关于伊丽莎白时期耶稣会殉道士埃德蒙·卡彭的传记，其中涉及到了对于16世纪教宗政治的批评，纽曼认为这是对于当时教宗碧岳九世的映射和挑战。辛普森的研究得到阿克顿的支持，他们一致认为历史研究就应该像数学一样追求准确。但纽曼并不认同这一点，他认为对于教宗和圣人等教会历史上的一些"特殊人物"的研究，不能以对一般人的研究那样的标准去要求，前者的研究方式并不适用于后者。最后，纽曼在1860年停止了对于《随笔》的支持，并于次年与其彻底决裂。

纽曼与阿克顿的最后决裂，反映了两者在历史观上重大分歧。阿克顿主张历史研究应该追求客观，应该尊重史实；而纽曼则主张历史研究中应该将一般的历史证据与教会的历史证据区别对待，反对将一般的历史研究方法应用于教会史，尤其反对以历史研究危及信仰的做法。显然，纽曼是认为教会史研究应该以遵从教会训导和维护教会权威为前提和导向，这也就显示了作为护教士的纽曼的特殊史学研究立场。

当然，纽曼通过"或然性"原则对圣经中的神迹与教会历史人物的研究主要是基于护教的目的，他的这种护教理论可谓是独树一帜。他的这种做法不同于启蒙思想家对神迹、启示的理性批判，与同时代杜宾根学派的圣经批判截然不同，而且与后来的神学家如布尔特曼对圣经的"非神话"的存在主

---

33 [英]乔治·皮博迪·古奇著：《十九世纪历史学与历史学家》，耿淡如译，商务印书馆，2009年，第604页。

义的解释也是完全相反的。首先，纽曼认为理性的逻辑论证有其局限性，它无法对一些"具体事物"进行论证，相反，通过先前的或然性却可以获得对特殊情势的确证。其次，历史实证的方法对于研究教会、教义史是必要的，但却不能成为一种信仰真理判断的标准。在教会史中，存在这个教宗反对那一个教宗，这次公会议反对另一次公会议的历史事实，如果采用一般历史学的态度与方法，那么教会史上的这些矛盾无法得以说明，而通过先前的或然性原则，这些看似矛盾的事实最终会得到一种合理的解释，"甚至可以发现先前的或然性会战胜那截然相反的（历史）证据"。[34]

（二）历史认知的"个体性"原则

客观而言，纽曼并非专业历史学家和教会史家，也没有证据表明他对于当时流行的包括浪漫主义史学、客观主义史学和实证主义史学有多少了解。他对于历史的理解和运用，基本上是为了其神学研究的目的和需要，或更准确地讲，历史不过是他进行教义研究和思想探索的一种手段。因此，他的《论四世纪的阿里乌主义者》并不能得到专业历史学家的认可，而其《论基督宗教教义发展》中的历史考察也时常为人诟病。[35]但是，也许正是纽曼的这种非专业的历史思考和写作可以引起新的历史理解和认识。

纽曼认为历史有其固有的局限性，他否认历史具有像物理科学那样的客观性："物理事实是当下的；它们服从于感觉，而感觉是可以得到很好的检验、纠正和证实。……但是历史却不然，因为它的事实不是当下的。"[36]历史学家要经常运用别人的观点、传统和类比，他们会受到出生、教育、地位或者派性等的影响，因而在看待历史时会带有偏见，因此，纽曼认为历史学家无法实现对于客观的认识。

纽曼甚至将这种认识推向了极端："一般而言，（在这个世界上）什么也没有发生，在这个世界上什么也没有进行。"既然纽曼对于历史本身主体性

---

34 Dev.3.2.11

35 有些评论家曾经批评纽曼的《论基督宗教教义发展》，或者认为他是写来为他在当时所即将采取的步骤（加入罗马教会）作护符的，或者认为纽曼是别有用心，压下了那些不能够支持他的论点的事实，而且忽略了中世纪的教会。对此，正如一位研究者哈罗德所言："纽曼的做法是将历史建立在他设定的原则之上，以此来统摄一切，其结果便是夸大了历史的真实性。"（C.F.Harrold, *John Henry Newman: An Expository and Critical Study of his Mind，Thought and Art*, New York, 1945.p.224.）

36 Dev., p.111.

的认识是持怀疑甚至否定态度的，那么，在看待历史研究的结果时，他的观点也倾向于主张一种主观性的立场，"这些作者（历史研究者）对于他们选择研究的那些历史都有各自的观点。"纽曼具体分析了造成多种历史解释的原因：

> 因为那种估量仅仅是他们自己的估量，来自他们自身的判断；而那判断则来自他们自身的假定，或是直接或是间接；而这些假定则是分别地属于他们自己的思想状态的自然的流出；所有这一系列的微妙的理性过程都受到一种比科学精妙和灵性得多的智力手段的监督和指导。[37]

可以说，纽曼这种对于历史认识的分析，洞察到了历史认识的主体自身的价值体系、思维方式和状态对于历史认识的客观性的影响。后来的一些历史学家，对此也多有阐发。其中英国学者科林伍德（R.G.Collingwood, 1889-1943）就摈弃了实证主义者所宣称的知识的统一性，也摈弃了经验主义那种通过观察方法就可以得到外部世界知识的天真想法。他在《形而上学论》中认为，任何特定学科的知识内容在其发展的特别阶段依靠"绝对预想"（absolute presuppositions），即所谓的"先验的想象力"（a prior），但是"绝对预想"在每一个学科，每一个时期都是不同的。这种先验的想象力具体到历史学领域，就是历史学家在材料取舍方面、在解释的意识方面都是自由的。另外一位英国的历史学家 E.H.卡尔同样对于历史认识主体的先验理解和判断进行了肯定，"构建这些基本事实不是根据事实本身的任何特性，而是依据历史学家'先验的'（a prior）决定。"[38]

伽达默尔曾讲道，"真正的历史对象根本不是对象，而是自己和他者的统一体，或一种关系，在这种关系中同时存在着历史的实在和历史理解的实在。一种名副其实的诠释学必须在理解本身中显示历史的实在性。因此我就把所需要的这样一种东西称之为'效果历史'。理解按其本性乃是一种效果历史事件。"[39]也就是说，理解本身实际上是一种效果历史意识，这种意识可以说是对诠释学处境的一种意识，即在效果历史中理解实在对自身与历史实在的关

37 G.A., p.364.

38 [英]E.H.卡尔，:《历史是什么？》，陈恒译，商务印书馆，2009年，第92页。

39 [德]伽达默尔著:《真理与方法》，洪汉鼎译，上海译文出版社，1999年，第385-386页。

联性的一种意识。效果历史意识的作用方式和实现方式就是意域的交融。具体而言，理解者由其自身的前见形成了一个视域或思想世界，历史流传物也形成了一个历史视域或意义世界，这两个视域的交互作用并融合为一个大的视域整体，即伽达默尔所讲的"视域融合"。

以此而论，纽曼的历史观显然具有一种历史与神学，事实与价值的"视域融合"；当然，这种视域融合的结果和归旨还是在于神学历史学，即以神学的视域涵括历史的视域，追求一种超越历史本身的更大和更高的"真实"、"真理"。

三、启示与历史

在哲学或真理的层面上历史与启示的关系，主要包括"启示在历史中"与"启示的历史"两个层面。前者主要涉及启示与包括人性、哲学、文化、宗教等在内的各种历史资源的关联，因此这种启示主要是指那种"普遍启示"；后者则仅仅是局限于启示与基督宗教教会史、教义史的关联，因此主要是指一种"特殊启示"。

（一）普遍启示及其历史表现

纽曼神学思想的一项根本性原则即在于，坚持上帝自我传达在历史中的实现，承认上帝自我传达的历史性和处境化特征，"所有的知识都来自于祂（上帝）"，"从没有一个时期是上帝不向人言说，告诉人们应该承担一定的责任的时期。"对于纽曼而言，一切宗教性的基础即在于人们良知中对于上帝的经验。这是纽曼所讲的"自然宗教"（natural religion）的基础。纽曼在这里所讲的"宗教"是指信仰者与个人的上帝之间的生动的关系，这种关系借助故事、神话、礼仪、灵性和道德实践等形式表现出来。因此，对纽曼而言，宗教信仰是一个整体，"宗教信仰并不是一个命题，而是一个系统；它是礼仪、信条、哲学和道德规定的集合体。"[40]纽曼认为，由人的良知而来的宗教信仰是一种普遍现象，人们通过运用自己的良知去倾听来自上帝的声音而与其建立联系，人类宗教信仰的历史就是那种联系的历史。正是基于这种理念，纽曼断言："正确地说，启示是普遍的，而不是地方性的礼物。"[41]这样，纽曼实际上就肯定了上帝救恩对于异教徒的开放性。其实，早在1832年时，纽曼就已经表达了

---

40 Apo., p.243.
41 Apo.,p.80.

这种思想，"祂能够支持我们没有基督教圣礼的不朽，祂曾在远古时就支持了亚巴郎和其它的圣人。"[42]

（二）特殊启示及其在基督宗教历史内的表现

纽曼的启示论，包括上述面向各宗教的普遍启示，另外就是基督宗教的特殊启示。对于两者的关系，一方面，纽曼承认基督宗教在其历史发展中的确吸纳过其他宗教或哲学的一些元素，但另一方面，他仍然肯定上帝启示基督宗教内的独特性与圆满性。

基督宗教作为上帝的特殊启示在历史中有不同的启示方式，也正是对这些启示方式的不同倚重，而形成历史上基督宗教的各个教派。作为基督新教，可能更加强调圣经传统的启示方式，但罗马天主教则是从圣经、圣传、圣训三个方面来理解上帝启示在教会中的实现。对此，纽曼主要关注两个问题：首先，个人良知与教会的权威；其次，教义历史与启示真理。对与本书相关的后一个问题，纽曼所要论证的是，如何保证教义在历史中确保自己是作为上帝启示真理的传达。纽曼并不否认圣经在上帝启示中的地位与作用，但同时，他也强调对于传统和教会权威的重视，也正因此，他成为反对一切形式宗教自由主义，捍卫基督信仰的中流砥柱。但若因此，而将之简单归入保守主义者或传统主义者之列，就会失去对他思想另一维度的认知。纽曼所理解的上帝的启示，并不是抽象的教义堆砌，而是有着丰富的历史内涵和敏感的心灵洞察，他所讲的传统是生动活泼作为信仰和神学活泉的传统，他所强调的教会权威也是以尊重个人良知分辨和理性抉择的教会权威。故而，纽曼对于启示与历史关系的认知，存在很大的张力，这正是其神学之探的魅力之处。

要之，对于神学研究而言，既然历史是上帝启示的地点，那么神学的思考就不可能是纯粹理性的推演，而是应该以生动的历史作为反思的起点；而另一方面，神学对于历史的关注的最终目的还是应该导向上帝的启示。这样就在神学和史学之间就存在了一种对话的关系，对于纽曼而言，就是要对历史加以神学的诠释。

---

42 P.S. 1:275.

四、启示理解的历史维度

（一）启示与发展

作为史家的纽曼主要关注基督宗教教义史，他的研究突出表现为两个方面：首先，关注教义历史发展中正统与异端。他对 4、5 世纪教会内围绕基督论、圣三论的神学争论以及由此而产生的正统与异端教义进行过系统的历史探讨，并且注意将这种研究与 19 世纪英国国教会的现实处境进行比对，以寻求改革的途径，也为个人灵魂的安顿。其次，他提出了"教义发展"理论。这一理论的提出，与当时史学研究中"历史主义"以及随后科学领域内的"进化论"思想有某种不谋而合，说明纽曼具有在现代知识的框架内重新理解基督宗教教义并试图确立其知识地位的神学自觉。与经院神学家们不同，纽曼的教义研究并不是那种纯粹的理论思辨，而是有着丰富的历史经验内容，他是将基督宗教的教义，或者更广泛意义上的"理念"，不是作为一种抽象，而是作为一个有生命的东西加以看待和研究，因而更具有灵性的洞察力。纽曼对历史与教义的理解，也对后来的天主教现代主义运动产生重要的影响力，天主教现代主义的鼻祖卢瓦绪就非常重视纽曼《论基督宗教教义发展》的历史内涵并作为自己神学建构的重要资源加以利用。所不同者，天主教现代主义者的研究归旨与纽曼的历史神学南辕北辙。事实说明，纽曼不仅不是现代主义者的鼻祖，甚至可以称之为他们的死敌。这皆源于纽曼对于宗教自由主义的批判，对传统和权威的认同与捍卫。

（二）启示诠释与历史方法

纽曼的历史哲学主要体现为两个原则：首先，"或然性"原则。他所关注的并非是历史证据的连续性，而是非连续性的"或然性"的历史证据，他认为，只有这种证据才能反映体现历史的本真。史学家，尤其是教会、教义史家应该从这些偶然性的历史证据背后发现历史的本质，主要是发现其中蕴含的上帝的"神意"。其次，"个体性"原则。在历史认识的客体方面，纽曼强调"或然性"原则，而在历史认识的主体方面，则强调"个体性"原则。他认为，历史认识应该建立在"个体性"原则之上，只有个体的生命经验与历史经验真正相遇，才能发现真实的历史及其意义。其实，纽曼的这种"个体性"历史认知原则也是建立在他的信仰认识论基础之上的，在《赞同的法则》中，他就曾提出"推断感"的概念，这一概念可以作为其信仰认识论的核心概念。所谓"推断感"是指建立在"或然性经验的累积"基础之上的一种"洞见"，换言之，是在有限的基础之上保证获取信仰真理的可靠性。对于信仰如此，对于历史亦复如是。故而，上述纽曼历史认知的两项原则是统一的，而将它们统一起来的正好就是神学，纽曼历史研究具有鲜明的神学目的论，教会史具有与一般历史不同的独特研究对象。但这样说，并非是指历史只是神学的注脚，而是说，教会、教义史的研究具有不同于世俗历史研究的立足点与归宿，两者尽管存在一定的交叉，但也有各自的界限。因此作为神学之科目的教会史与一般历史的研究方法并不"统一"，教会、教义史研究不能采取特洛尔奇所遵循的那种来自一般历史研究的"批判、类比和联想"的原则，而应该采取建立于圣经和信仰基础之上的"或然性"与"个体性"的原则，这应该是作为基督信仰护教士的纽曼对于神学与历史关系理解的独特贡献所在。

（三）启示真理与其历史表现形式

对于历史与启示的关系，纽曼的论述主要集中于两个方面：广义而论，上帝的启示会在各种宗教中得以彰显。纽曼对此论述的重点主要是放在"良知"与"自然宗教"方面，他的这种认识实际上也就承认了"普遍救恩"的存在。纽曼的理论，影响了以后天主教的一些重要的神学家，如拉纳尔、龚加尔以及汉斯·孔等，也促成了梵二会议《启示宪章》的制定。狭义而论，上帝的启示在基督宗教中获得圆满。纽曼与天主教的立场一致，认为启示在教会中的启示方式主要是圣经、圣传和圣训，但是在如何理解它们之间的相互关系上，他还是进行了一系列的思考，主要涉及个人良知与教会权威，教义历史与启示真理。所以，纽曼对上帝启示与历史关系的理解，并非僵化、封闭，而是具有很大的张力和开放性。这也就为开展基督宗教与其他宗教以及现代知识的对话，提供了诸多的思考空间。

概言之，与传统经院神学家对基督宗教的启示理解不同，纽曼对其理解更为全面而深入，涉及到启示概念的经验、诠释与真理三个层面，而历史的意识与思维贯穿启示概念上述三个层面。关注研究教会、教义史是他启示理解的起点，通过借鉴历史学的研究方法，带来新的启示理解。具体为：首先，历史是上帝启示的场所，上帝启示有其历史表现形式，其中就包括了异教徒的宗教、哲学与文化传统，它们部分包含了基督宗教的启示真理。其次，基督宗教是历史性宗教，代表了上帝启示在历史中的最高、最圆满的体现。教义是基督宗教启示真理在历史中的表达，教义存在发展的问题，它的发展就是上帝启示展现的过程。最后，神学作为对上帝启示的诠释，并非要仅仅依靠哲学的逻辑推理，历史证据的收集与解读同样是神学之探的重要进路。

第三节　对话——超越型启示理解

一、主观型启示理解

在《天主教教理》中，天主教会对启示的私人性质具有严格的规定，其中第 67 条规定"私下"的启示不能"改善"或"补充"基督决定性的启示；第 68 条指出，"某些非基督宗教和若干近代教派"即奠基于此类启示。尽管其中没有明确指出哪些"若干近代教派"，但暗指宗教改革以来的基督新教派应该无疑。宗教改革主义者与罗马天主教会的启示理解具有根本的区别，前者坚持人与上帝的直接沟通，这样上帝对个人的"私下"启示也就是顺理成章的了。

拉纳尔在其主编的《神学大百科全书》中对这种"私下"的启示有专门的解释，他称其为"私人启示"（Private Revelation）。在他看来，私人启示是"公开"的或教会幅度之外的一种启示。原则上讲，私人启示可能会被接受，但那只是特别地指向基督信仰的"童年"时期，主要是指先知、宗徒以及过奉献生活的神秘主义者。但自宗徒们去世之后，上帝的启示就"关闭"了，耶稣基督成为最后最圆满的启示。对在此之后出现的一些所谓的"私人启示"，或许其中会具有一定的重要性，但亦须从教会启示的幅度进行严格的审辨，因为这种私人启示仅与特定的时空中的地方教会或个人相关，而且其中会掺杂"人的因素"，有可能来自人的空想或某种心理体验。这种私人启示往往会将上帝观念还原、置换成为个人内在的心理、意识和精神，我们将之称为"主观型"启示理解。

施莱尔马赫被新教派公认为是从加尔文到巴特之间最重要的神学家，被尊为"现代神学之父"，视为现代神学的"分水岭"，他最杰出的贡献就在于对宗教本质的定义。一般认为，他所定义的宗教就是"对上帝的绝对依赖感"，但这与他早年时期对宗教本质的定义具有明显的不同。虽然他一直认为宗教就其本质而言是一种宗教感受和体验，但最初他在《论宗教》中的表述是，"在无限者中并依靠无限者"。这表明感受可以是主观的，但也包含上帝的触及，即上帝"借助世界对我们的作用"。只是后来在《基督教信仰》中，他才把宗教定义为是绝对依赖的感受。这种定义就将最初的上帝及其启示的客观性完全剔除掉，其结果就是滑向了主观主义的启示理解，即把一切包括宗教信念都归结为心理学上的东西。对他而言，上帝不过是"处于自身之中"的上帝，上帝的观念只不过是人的一种"自我意识"，上帝的话语成为了宗教意识，基督宗教的教义也不再是启示真理，它们不过是对感受进行反思的产物。施氏的启示理解完全属于主观式、内在型的启示理解，上帝的启示与任何形而上学的推论，与任何历史性的具体实践无关，它只是一种内在的、个别性的宗教体验，不再具有知识论的普遍意义，这种否认上帝"自我启示"的启示理解就是我们所讲的"主观型"启示理解。

二、客观型启示理解

与主观型启示理解不同，客观型启示理解是要将上帝观念外推为客观的理性或精神实体，或是将上帝观念内化于历史之中。所以，客观型启示理解具有两种基本表现形式，分别是理性主义的启示理解和历史主义的启示理解。

在基督宗教神学思想史上，客观型启示理解的最早表现形式就是圣奥斯定的"光照论"。按照其理论，启示是能够给与人生命的"内在之光"，人可以运用理性去探求上帝的启示，但须有上帝之光的照耀才能获得上帝的启示真理。比喻来说，如果人的信仰是眼睛的话，那么理性就是人的视力，但若要看到东西，必须还需要上帝启示之光的照耀才行。这样一种启示理解强调启示的"被给予性"，人在启示理解中具有相对的被动性，启示是外在于人的一种超越性存在。中世纪经院哲学盛行，在阐述启示论时，更多侧重于理性的层面，强调作为知识和真理的上帝启示，启示的内容显得硬化、僵化、教义化，缺乏与人内在生命的相遇。后来新经院主义哲学吸纳存在主义、解释学等当代哲学思想，在一定程度上克服了中世纪的那种客观型启示理解，但其对上帝启示理解的理性倾向仍然清晰可见。

19世纪至20世纪初期，自由主义成为基督新教内主要的神学思潮，其主要代表人物有鲍尔、施特劳斯、利奇尔、哈纳克等。自由派神学家在其启示理解中，具有鲜明的历史主义倾向。他们采用历史学方法考证圣经，对历史发展持乐观态度，认为上帝之国已经降临在人类历史之中，只要以基督道德去改造人性，历史就会不断进步，最终自动迈向上帝之国。

但是一战的炮火摧毁了自由主义神学的迷梦，新正统主义神学应运而生，其主要代表人物有巴特、莫尔特曼和布鲁纳等。新正统派尤其是巴特不满于自由派神学对启示之特殊性和超越性的漠视，试图重新建构起"启示神学"的大厦。巴特的启示神学或启示理解具有"辩证"的色彩。在他看来，人神之间具有无限的本质区别，从人到上帝无路可走，人的理性、语言，甚至类比都无法认识上帝，上帝是绝对的"他者"。在此意义上，可以说巴特将客观性的启示理解推向了极致，人神两极，隔若天堑。任何试图通过自我超越把握上帝启示的努力都是徒劳的，因为上帝是"自我启示"的上帝，对于上帝的启示理解，只能以上帝为中心而不是以人类为中心。巴特的这种启示理解遭到朋霍费尔、潘能伯格和莫尔特曼等神学家的批评，被指为"以启示反历史"的"启示实证主义"。但不管怎么说，相对于自由派神学对启示的相对化理解，巴特的启示神学都具有矫枉过正的意义。

三、纽曼的"对话——超越"型启示理解

启示理解离不开对人与上帝关系的探讨。上述主观型和历史主义启示理解的共同弊端在于颠倒了人与上帝的关系，将上帝启示进行了内在化的处理，属于典型的人类中心主义的表现。理性主义启示理解的偏颇则在于将上帝启示进行了抽象化的处理，一定程度上遮蔽了上帝的人格性。人的情感、理性、历史只能作为上帝启示的通道，而不能直接等同于上帝启示，上帝启示是可以实现与人对话的启示，也是超越人类及其历史文化的启示。

（一）对话型启示理解

纽曼在其启示理解中具有"转向主体"的倾向，但他却并未将之绝对化，因而也就避免了落入施莱尔马赫情感主义、主观主义的窠臼。纽曼在强调转向主体的同时，并没有否定启示的客观实在性，不能将上帝的启示理解为人的一种主观投射，它有其独特的存在并实际地影响着人类及其历史。

上帝的"自我启示"。尽管纽曼承认启示的客观性，但他却没有将之视为那种"被给予"的"启示真理"。"启示真理"，是指人类理智难以把握的一些个别真理，上帝通过使者启示这些真理，从而权威地设定人类的信念，它实际上是一种信息与传授的模式，不可避免地会与人的自由意志和理性发生冲

突。但上帝的"自我启示"则意味着启示并不是被给予性的东西，而是自我给予的东西。它不是一种事实，而是一种发生，它通过言语和行动得以显现。上帝自我启示属于祂的一种个人性的自我启示，这表明祂要用人可以听懂明了的言行向人自我敞开，这种启示具有沟通、对话、交往的性质，因此它实际上是一种以交往为模式的启示。当然，上帝的这种自我启示会利用各种形式的范畴性的启示形式，历史地出现在言语和行为"之中、之间、之下"。在这种启示模式中，信仰不是通过一种模糊的情感或明晰的理性去发现上帝，而是在具体的言语、事件中以及具体的人身上发现上帝。不过，信仰不仅是对启示的真理与启示的事实作肯定的接受，它是要寻求那位以个人性的方式自我启示的上帝。因此，信仰的基本形式并不是"我信……"或"我信某事"，而是"我信你"和"我信靠你"。那位自我启示的上帝不是虚无缥缈的"无限"，也不是冰冷生硬的"理性"，而是一位可以与人对谈的"你"。

人与上帝在良知中相遇。对于纽曼而言，连接人与上帝的纽带就是人的良知。上帝通过人的良知向人说话，良知就是上帝的回声，当人遵守良知时，上帝就表现出自己作为"慈父"的形象，相反则表现出作为"立法者"和"法官"的形象。上帝通过良知将"道德感"和"道德责任"放入人心，人就是在践行道德责任的过程中体验到那位具有人格意义的上帝的存在。当然，在实际中，人有良知的自由选择，良知也会出现偏差，那么怎样可以保证可以获得关于关于上帝存在的知识确信呢？纽曼对此给出的回答就是人的良知运用"想象"，通过对各种或然性道德经验的累积进行"非形式推论"，获得对上帝启示"真正的赞同"。这种赞同并不完全来自于逻辑推论，很多来自于人良知中关于上帝启示的各种经验片段，而最终获得对上帝形象的绝对认同。人在良知中不仅经验到上帝的存在，进而可以使自己不断地相似于上帝的"肖像"，最终实现自我人性的超越。总之，良知是人与上帝相会、相遇的最隐秘的处所，在此，自我与上帝作为两个"自明的存在"，可以实现"心与心的交谈"。

（二）超越型启示理解

在纽曼看来，与良知作为上帝启示内在证据相对应的是，历史构成上帝启示的外在证据，所以纽曼启示理解在"转向主体"的同时也自然地要"转向历史"。上帝的启示并不是人类历史遥不可及的星辰，它的启示离不开人类历史，以人类历史作为自我启示的场所、载体和媒介。纽曼认为上帝启示始终存在于人类历史之中，"从没有一个时期上帝不向人言说"。最早上帝是在万民中向人进行"普遍启示"，它并不是地方性的"礼物"，在不同的社会历史和宗教文化中都可以发现它的这种启示，自然宗教就是上帝普遍启示的重要标记。后来上帝通过基督宗教实现它在人类历史中的"特殊启示"，那位历史上的耶稣成为上帝启示的最高点。

另一方面，上帝的启示却并不以历史为目的，历史中的启示只是一种形象与样式，不过是对终末启示的尝试与预期，每一种历史性的启示形式都必然要超越自身，指向上帝的奥秘。相对于历史而言，上帝启示具有超越性、隐匿性、神秘性。上帝启示可以照亮、圣化人类历史，人类历史因上帝启示而成为有目的的、有意义的存在。启示的意义就在于它恰好发生在人们生活经历之内在历史，它使人的经验之流得以昭明，并获得必要的形式。启示就是那样一种历史，它赋予一个人的个人生活和历史以一种锁钥或图式，从而使生活变得可以理解。

综上，纽曼启示理解的基本特征在于"转向主体"、"转向历史"，但却没有滑向主观型或客观型启示理解的极端。一方面，他在"转向主体"的同时，强调主体与启示的对话关系；另一方面，他在"转向历史"的同时，强调启示对于历史的超越。这样，纽曼就建立起一种新的启示理解，即"对话——超越型"启示理解。在这种启示理解中，人与上帝的关系不再是单向度的，而是双向互动式的；上帝的启示既内在于人类历史之中，同时也超越人类历史。另外，人及其历史都可以为上帝的启示所吸引，成为可以不断自我超越的存在，直至进入"新天新地"。

本章小结

纽曼对启示的理解不是以抽象的命题作为起点，而是以具体的主体与历史作为启示理解的基本路径，所以，与传统的经院神哲学家相比，纽曼的启示神学实现了向主体性和历史性的转换，从而为当代天主教的神学人类学与实践神学的转向奠定了基础，梵二会议前后的诸多神学家都曾受到纽曼这种启示神学的影响。对纽曼启示神学基本内涵也应该从主体性与历史性两个基本幅度进行把握，一方面，他强调人经由个人良知经验到天主启示的存在，强调天主启示在历史中的普遍性与自我传达性，另一方面同时也强调天主启示的奥秘性，强调祂的启示对于人的理性和人类历史的超越性。这样，纽曼的启示神学就具有了一种辨证的特质，人类良知与天主存在，历史文化与天主启示之间不再是一种单向的关系，而是一种双向的互动关系。我们将纽曼的这种启示理解称为是"对话——超越型"启示理解。以此而论，天主的启示并不是冷冰冰的教义、教条，祂的启示与人性和人类的历史文化处境息息相关，人是天主启示的对象同时也是可以接受天主启示的主体，历史是天主启示发生的场所，同时也是祂的启示的载体与内容。这样一种启示理解启发了后来神学家们积极吸纳现象学、存在主义、诠释学等现当代哲学的思想与方法，建构具有现代意义的天主教神学，当然这也更加凸显了纽曼启示神学的先驱意义。

第六章 纽曼启示理解的影响与意义

第一节 神学的幅度

一、纽曼与20世纪天主教主要神学思潮

19世纪末20世纪初,天主教神学开始其现代发展的艰难历程,面对现代世界的急剧变化,天主教会内部也出现了保守与革新两种力量的折冲,由此而带来天主教神学思潮的重大发展。20世纪涌现的天主教神学思潮主要有现代主义、新经院主义、梵二神学、解放神学、后现代主义神学等。纽曼的启示理解及神学思想与上述天主教思潮都有着复杂的关联与交织,所以在20世纪天主教主要神学思潮的大背景下,可以更好地把握纽曼的启示理解,进而也可以从一个侧面展示20世纪天主教主要神学思潮的发展脉络。

(一)纽曼与现代主义

围绕纽曼与现代主义的关系,曾一度存在巨大的认识分歧。特列尔等现代主义者将纽曼视为鼻祖,而天主教会的保守派也认为纽曼神学具有"自由主义"的禀性,纽曼就是现代主义的始作俑者。纽曼被冠之以现代主义并非空穴来风,这既与他早年的自由主义神学立场和主张有关,同时更与他晚年支持《随笔》关系莫大。《随笔》由阿克顿主编,采取自由主义立场,当时以此为阵地,掀起"自由天主教运动",对教宗至上论、教宗无谬误论持批判态度,这一运动曾一度得到纽曼的支持,尽管最后他还是回归到拥护教宗权威的传统立场之上。在天主教现代主义兴起之后,很多的"自由天主教主义者"

都倒向了现代主义，也正是因为纽曼与自由天主教运动的这样一种历史的瓜葛，使他不可避免地被质疑为是天主教现代主义者。

但是，纽曼与天主教现代主义仍有本质的区别，两者区别不仅在于神学立场方面，更在于神学思想尤其是启示理解方面。诚然，纽曼强调上帝启示的主体性，但他却并没有走向主观主义、情感主义的极端，他仍然坚守个人良知自由与教会权威之间的平衡，认为只有教会才能保有上帝的启示。但现代主义者却认为，尽管教会及其权威对于保存福音是不可或缺的，但却并不意味着耶稣有意识地去建立体制性的教会，他们对教宗的性质及教会的训导权采取一种极端个人化的看法，认为教会的本质并不在于教阶制度，教会不过是一种"普世的精神性团体"。纽曼与现代主义的根本分歧在于对启示和教义发展的理解，纽曼所理解的教义发展只能是最初的信仰积累必然而合乎逻辑的发展——它使新约启示中隐含的东西明晰而清楚了。这种发展，是以某些逻辑的和历史的原则为基础而进行的。但现代主义者一方面否认教义是启示一部分，认为"启示是一种经验"，教义不过是对这种经验的言说而已。另一方面，现代主义者把教义的发展直接当成了变化，认为教义是可变的、相对的，教义需要不断地发展出新的形式，以适应每一时代人们的认识形式和宗教经验的事实，教义的表述需要不断地解释和发展，教义本质上不过是一种"精神性"、"象征性"的表达。

天主教现代主义最终遭到罗马天主教会的谴责，1907 年当时的教宗碧岳十世颁布《牧养》（Pascendi）通谕，从此，天主教现代主义成为了"异端"思想。值得注意的是，碧岳十世并没有将纽曼列入现代主义者的行列，在 1908 年的一次讲话中，他指出纽曼的思想不是相反于《牧养》通谕，而是与之相得益彰，现代主义者将纽曼奉为鼻祖是对其神学思想的盗用和曲解。

（二）纽曼与新经院主义

新经院主义是 1879-1940s 天主教最重要的神学思潮。1879 年，为了应对现代哲学对天主教神学的冲击，当时的教宗良十三世颁布《永恒之父》（Aeterni Patris）通谕，将多玛斯主义钦定为官方哲学，宣布唯有多玛斯哲学才是"唯一真正哲学"，多玛斯主义得以重新复活，新多玛斯主义或新经院主义由此而起。

新经院主义的兴起主要是为了解决神学面临的现代危机，为此，它上接中世纪神学的经院传统，同时糅合存在主义、人格主义、现象学等当代哲学，重新整合理性与信仰，科学与宗教等，标榜理性，以反对实证主义、主观主义和唯心主义等思潮对天主教信仰的危害，为现代天主教神学"形上学"重新奠基。

在神学建构上，新经院主义奉理性为圭臬，试图以理性为工具，运用逻辑推演以证明上帝的存在与基督信仰的知识地位，从而获得一种永恒的、普遍的和客观的启示理解。这样一种启示理解超越了个体的生命体验和历史实践，对于新经院神学家而言，诉诸直觉、传统和历史研究，实际上就是无法通向真理的错误之途。

虽然也有证据表明纽曼在其暮年时期，曾一度阅读关注多玛斯哲学，但由于健康原因，他始终没有对之形成系统、成熟的认识，对于当时新兴起的新经院主义基本上没有什么了解。但可以设想的是，假如纽曼生逢新经院主义大盛时期，他一定是一位与之进行激烈神学论战的骁将。之所以如此肯定，源于纽曼神学建构旨趣与新经院主义的迥异，纽曼神学建基于综合主体性、历史性之上，他所理解的神学的"第一原则"是与人的直觉和传统经验息息相关的"推断感"，只有经由推断感才能对包括启示和信仰在内的知识有"真实的赞同"。相反，如经院神学们以命题、假设出发，通过理性的"形式推论"所获得只能是"概念上的赞同"。在此，不必对纽曼与新经院主义做出高低优劣的比较，因为两者也许本身就是一种互补的关系。但1940s随着"梵二神学"的兴起，新经院主义的退潮，纽曼启示理解的影响力日渐彰显出来。后面，我们将对此进行专门论述。

（三）纽曼与其他神学思潮

拉美解放神学是20世纪天主教又一重大神学思潮。20世纪70年代，解放神学在拉美地区兴起，主要代表人物有古铁雷斯、波夫兄弟等，它的两个基本原则是"优先选择穷人"和"实践优先"，试图通过改造社会经济结构以改变拉美人民的处境，实现"解放"。解放神学在其发展中，对于"解放"的含义理解逐渐深入和丰富起来，"解放"不仅包括从被剥削奴役的社会经济地位中的解放，同时也包括对人的"罪性"的改造，包括人内在精神的解放。这种对"解放"的理解与纽曼对"自由"的认识不谋而合。纽曼神学虽然不能被定义为"自由主义神学"，但称之为是"自由"神学却当之无愧，因为其中充满对人的精神自由的渴求，尤其是当其论述良知自由时，来自良知的自由不会屈从于任何外在的权威、压力和压迫，只有遵从良知的自由，才可以实现真正的解放。这样也许在解放神学的语境下，纽曼的良知论会获得一种新的诠释；反之，他的良知论、自由论也可以为解放神学赋予一种新的意蕴。

后现代主义神学是源于 20 世纪中后期，至今仍在发展中的天主教的神学分支之一，当然与解放神学的命运一样，它并不是为罗马官方神学所欢迎的神学思潮。很难说，后现代主义神学成为一个单独的神学派别，形成一种具有重大影响力的神学思潮，因为它具有多种表现形式，且仍处于变动之中，各种后现代主义后现代主义神学呈现多元、含混、无序、不定等特征。无疑，它的兴起是对体制性教会神学的解构，它以强调与人文知识界的沟通、对话而具有"公共神学"、"学术神学"的理论品格。

尽管纽曼生活于 19 世纪，但他的神学思想也在一定程度上具有后现代主义神学的特征。他的神学强调主体性，尊重个体的宗教经验，也正因此，他的神学有时被称之为是"个人神学"，后现代主义者对于情感、想象等非理性因素在信仰和启示理解中的推崇，无疑成为纽曼这种"个人神学"的注脚。另外，纽曼也在一定范围内承认神学的学术性、公共性，在他看来，神学并非神学家的专利，也不能为教会所垄断，平信徒也可以参与到神学反省与建设中来。更为难能可贵的是，纽曼认为大学中的人文及科学与神学一样，都是寻求上帝最高启示的学问，世俗之学与神学并不冲突，在教授"普遍知识"的大学里，可以实现两者的对话、沟通、交流与理解。

尽管后现代主义神学可以从纽曼神学那里获得一定的资源和灵感，但两者却有着本质的区别。在历任教宗对纽曼的评价中，都肯定他是一位"真理的追求者"。尽管他也被很多人指责为是"怀疑主义者"，但他在漫长的人生经历和神学探索过程中，却始终服膺良知和真理的召唤，他的神学思想之所以多变，缘于他要找寻启示和信仰的"标准"。这种"标准"或是内在地表现为人的良知和理性，或是外在地表现为历史的传统与有形的权威，但最终却是通过内外的有机协调而达成。以此而论，纽曼的确可以作为自由主义神学意义上那种后现代主义神学的死敌，但另一方面，他的神学思想或许可以对后现代主义神学的多元主义、主观主义和相对主义的倾向具有某种矫正意义。

二、纽曼与梵二神学家

"梵二神学"是继新经院主义之后 20 世纪罗马天主教最为重要的神学思

潮。所谓“梵二神学”，并不是一个确定性的概念，在此仅是一种笼统的概括。它可以在三个层面上加以使用：首先，它可以用来表述梵二会议召开前那些具有革新意识的神学家的神学思想。其次，它可以用来指代梵二会议所表达、折射出的各种神学思想。最后，它也使用于梵二会议后，受梵二会议精神感发的亚非拉美的各种神学思想和思潮。本书主要是在前两个层面上来使用这一概念。

20 世纪四五十年代起，新成长起来的一批天主教神学家不再满足于新经院主义的神学研究，他们具有很强的革新意识，试图超越新经院主义，建构更加适应时代和当代哲学的“新神学”，从而涌现出了诸如巴尔塔萨、拉纳尔、拉青格、龚加尔、吕巴克等灿若星辰的当代天主教神学家。他们的神学对梵二会议都具有不同程度的影响，因此可以称他们为“梵二神学家”（Conciliar Theologians/ Theologians of Vatican II）。上述那些“梵二神学家”们都曾受惠于纽曼神学思想，对纽曼神学推崇有加，如拉青格就称纽曼为“伟大的教父”。同时，他们在纽曼启示理解的基础上，又进一步推进了基督宗教的启示理解。

（一）巴尔塔萨

纽曼认为上帝的启示是“自我启示”，上帝通过观念同时也通过“形象”启示自己。所以，人可以通过运用“推断感”和“想象”获得上帝存在的确信。如同纽曼一样，巴尔塔萨也认为上帝是自证有权威的，祂自我启示，上帝启示自我的“圣言”就是从天上插入这个世界的一个“顶点”，因而“上帝在基督内的启示及其宣讲并非来自宇宙和人类本性的‘基础’，只能成为这个基础的顶点。”[1]因此，巴尔塔萨认为上帝的启示不能被简化、贬低，也无需他证。但巴尔塔萨并没有如同巴特一样将这种认识推向极端，巴特神学认为上帝的启示是直接启示，在上帝的启示中，上帝居于绝对的主动地位，人只能是圣言的倾听者、遵循者，居于完全的被动地位。巴尔塔萨走的则是试图在巴特的“实证启示”与传统多玛斯护教学之间的中间道路。如同纽曼一样，他也认为上帝启示自我是为了让人类接受自己，并且采用了人类可以接受自己的“形式”、“形象”。由此出发，巴尔塔萨建构起自己庞大的“神学美学”、“神学戏剧学”神学体系，对他而言，上帝启示并非是冷冰冰的教义系统，而是可“观”、可“想”、可“参与”的形象和戏剧。

---

1 Balthasar, *Christlicher Universalismus, Verbum Caro*（Einsiedeln, 1960），p.262.

（二）拉纳尔

纽曼启示理解的主体转向不仅影响了巴尔塔萨的神学美学，同时对另外一位当代天主教神学家拉纳尔的先验神学人类学的影响也至为深广。与纽曼相比，拉纳尔的启示理解更为具体和系统，他先是将启示区分为"先验启示"与"范畴启示"，然后又区分了"范畴启示"的不同层次，即一般宗教性的、先知和耶稣基督三个层面。如果说纽曼以"自然宗教"来说明上帝启示之普遍性的话，那么拉纳尔则是以"自然启示"说明了上帝启示和救恩的普遍临在。自然启示并不是一个抽象的概念和定义，而是指人的一种存在状态，即向上帝敞开不断超越自己的状态。这种原始性的自然启示普遍地、或隐或显地存在着，各民族在不同的历史、文化、社会环境中去表达出来就形成了各种宗教，信仰和启示也藉这种宗教的象征成为显示的和可见的了。但是也有部分人身处此境界中犹不自觉，因而也不承认自己有任何宗教上的信仰。但无论如何，在他看来，人先验地就是"圣言的倾听者"，人作为精神性的存在具有无限的先验性，这种先验之所向便是上帝的"超自然实存"和上帝启示，人正是作为对"在"的认知而生存着，"人就是这样一个在者，这个在者必须在自己的历史中倾听着那可能以人的言词形式来临的、历史性的上帝的启示"。[2]可以说，拉纳尔对人的本质的这种定义以及他的这种启示理解是将康德先验认识论与海德格尔的存在主义以及多玛斯的形而上学综合的结果，这也正是其对纽曼启示理解的超越之处。纽曼在其启示理解中，将柏拉图主义与英国传统的经验哲学结合起来，对启示认识论进行过精辟的论述，但却缺乏形而上的基础，而拉纳尔的先验神学则是在现代哲学的语境下为传统的基督宗教的启示神学重建形上学之基础。另外，如纽曼一样，拉纳尔认为上帝在历史中自我启示，上帝自我启示的历史并不是外在于或平行于人类的历史，而是内在于人类历史之中，历史即是上帝向人启示自我的地点，"从上帝方面看，启示便是一个历史事件"。[3]

---

2 [德]K.拉纳著:《圣言的倾听者——论一种宗教哲学的基础》，朱雁冰译，三联书店出版社，1996年，第182页。

3 [德]K.拉纳著:《圣言的倾听者——论一种宗教哲学的基础》，朱雁冰译，三联书店出版社，1996年，第129页.

（三）拉青格

拉青格，即前任罗马天主教教宗本笃十六世，曾长期从事天主教信理/教义的教学与研究，后又曾担任罗马教廷信理部部长一职，因此，他对于天主教正统信仰及其与现代世界的关系极为关注。在其《基督教导论》中，他就对现代世界所引发的天主教信仰危机有深刻的揭示，在一个为相对主义、多元主义、消费主义所包围的现代世界中，信仰者往往会被"疑惑"所缠绕，甚至会质疑自己的信仰本身，"被缚于十字架，而十字架又无附着物，漂浮在深渊上——这种情形正是现今基督徒的绝好写照。"[4] 当今信仰者的信仰疑惑，一百多年的纽曼也曾经面对和经历过，他一生的三次皈依就是不断经受信仰怀疑诱惑，寻求信仰和启示确定性的过程。面对信仰危机，作为罗马天主教官方代言人，拉青格需要根据变化了的时代对天主教信仰做出新的辩护。

拉青格对现代哲学家海德格尔、布伯、克尔凯郭尔以及对马克思主义都非常熟悉，所以他在自己的护教学中对各种哲学思潮都有批判性借鉴。在他看来，现代世界的两难境地在于"可见"与"不可见"事物之间的鸿沟和"过去"与"现在"之间的鸿沟。基督宗教启示或信仰并不是加大这两大鸿沟，相反，却是要在"可见"与"不可见"，"暂时"与"永恒"之间架起一座桥梁，"基督信仰更多地着眼于历史中的天主和作为人的天主。如此一来就可以在永恒与暂时、可见与不可见之间架起一座桥梁；……信仰作为一种启示，它是以这样一种事实为依据的：它已经将永恒介绍给了这个世界。"[5] 在此，我们会发现，如同纽曼一样，拉青格对上帝启示的理解包含两个基本要素和维度，即作为"历史中的"的上帝启示与作为"人的"上帝启示。

拉青格并不否认以历史的方法去认识理解实在、真理和启示，他甚至认为"基督信仰基本上是以历史为中心的"，例如《圣经》的陈述就是历史性的而非形而上的。但是另一方面，他却反对运用历史的方法将启示真理还原、贬低为事实，历史性方法所得出的只能是"已完成"的事实。他进而对"技术性思考"，主要针对马克思主义提出了质疑，认为这种思考所得出的只能是"可完成的"的事实。历史性和技术性思考及其解决途径在认识真实时都有其局限，而基督启示和信仰则可以弥补这种局限，在现代世界中仍有其地位。尽管在历史、技术层面，基督信仰的确可以成为创造历史、改变世界的工具，

4　[德]拉辛格著：《基督教导论》，静也译，三联书店，2002年，第7页。
5　[德]拉辛格著：《基督教导论》，静也译，三联书店，2002年，第17页。

可以从中发展出"政治神学",但它同时又有其超越性的一面,这使得它与一般社会政治意识形态有了本质的区别。拉青格认为,基督信仰和启示属于"尚未把握"的"奥秘",这是其独特价值所在,"'奥秘'是一种基础,这个基础先于我们,并且总会超越我们,我们总也不会'捉'到它或超越它。然而,正是因为被那'尚未把握'的而把握,'理解'的责任才得以实现,如果信仰没有这个责任,信仰就会被蒙羞,而最终会自我毁灭。"[6]所以,信仰就意味着冒险勇进的"飞跃"和"突破",从而跨越暂时与永恒、可见与不可见之间的鸿沟。最后,拉青格这样定义来自基督启示的信仰,"信仰"意味着"把自己交付于支撑自己和世界的意义——并将其作为一个坚实的基础,在其上无畏地站立"。[7]但另一方面,拉青格却没有像克尔凯郭尔一样将这种"基督徒的激情"推向极端,他要在激情与理性,主体与历史之间保持一种平衡。他与拉纳尔合著《启示与传统》,其中心就是讨论历史传统对于基督信仰和启示的意义所在。

拉青格对纽曼的良知论有比较客观的认识,他认为,纽曼强调良知自由并不是所谓"个人主义",而是"人格主义",理由是纽曼是在天主与灵魂的关系中以良知去解释人之存有的。[8]同样,拉青格所理解的天主是"人格化"的天主。同时受布伯哲学的影响,拉青格认为人与天主的关系其实就是"我"与大写的"你"的关系。对于基督宗教而言,那个大写的"你"就是耶稣,基督信仰意味着与耶稣这个人相遇,世界从这个具体的、历史中的人那里获得意义,"世界的意义是个大写的'你'(You,天主),然而这个大写的'你'不是一个无定论的东西,不是一个问号,而是一切东西的基础,但自身又不需要其他的基础来支持。"[9]正是由于同那"永恒的你"相会而得到"充实的现在",即我们在传统上称为启示的东西。然而这启示并不是一种"内容",而是一种"作为力量的呈现"。启示并不向人提供人关于形而上之谜困惑的"答案"。相反,它的作用是证实意义和号召行动。自 2007 年至 2012 年,拉青格已经出版三集《纳匝勒人耶稣》。他运用历史研究法、释经学的方法,对四部福音书中的耶稣形象进行新的阐释,试图弥合"信仰的基督"与"历史的耶稣"两者之间的裂痕。"信仰中的基督"并非高高在上,不食人间烟火的救世

6　[德]拉辛格著:《基督教导论》,静也译,三联书店,2002 年,第 39——40 页。
7　[德]拉辛格著:《基督教导论》,静也译,三联书店,2002 年,第 34 页。
8　小济利禄:"新人"纽曼枢机,载《公教报》,2010 年 7 月 4 日。
9　[德]拉辛格著:《基督教导论》,静也译,三联书店,2002 年,第 40 页。

主，而是成了"血肉"，进入历史的那位纳匝勒人耶稣。基督宗教全部启示的最高就在耶稣基督这里，而且这不是一个"可替换的象征性密码"，而是一个"建构性的基础：Et incamatus est（降生成人）"。[10]基督宗教相信上帝的确进入过真实的历史之中。

三、纽曼与梵二会议

总体而言，梵蒂冈第一次大公会议对于启示的理解集中于基督信仰的传承，这一信仰先是为宗徒们所保守，然后又传之于教会。后来的天主教神学家继续坚持作为命题的启示的角度来理解启示。1907 年，教宗碧岳十世在谴责现代主义同时也肯定了从启示的客观性理解启示的方法，似乎理解启示只能经由此途。其结果就是，如穆勒（Möhler）、谢本（Scheeben）、布隆代尔（Blondel）和纽曼等关于启示的一些真知灼见暂时就被遮蔽了。

直到 20 世纪 40 年代纽曼启示理解的光辉才逐渐重新得以释放。1943 年教宗碧岳十二世颁布《圣经默感》通谕，鼓励研究圣经，这同时也就意味着启示即将成为神学关注热点。

纽曼的启示理解及神学思想在 20 世纪六十七年代开始大放异彩，这一时期随着天主教梵二会议的召开，纽曼神学对罗马天主教会的历史影响力得以彰显。其实，早在梵蒂冈第一次大公会议召开时，纽曼就曾预言需要一位新的教宗和大公会议来"调整航帆"，他预见到罗马教会实行"一种灵活政策的必要性"，梵二会议提出的"跟上时代"的主张证实了纽曼的这种洞察力。纽曼对梵二会议影响甚巨，在梵二会议的《启示宪章》(DV)、《牧职宪章》(GS)、《教会宪章》(LG) 以及《信仰自由宣言》(DH) 等几乎所有文献、文件中，都可以觅到纽曼神学的影子。他的影响如此之大，甚至有人称纽曼为梵二会议"看不见的教父"，梵二会议甚至也被称为是"纽曼大会"。

（一）良知的首要性

纽曼因其对良知自由及其与教会权威关系的精辟论述而被称为"良知博士"，天主教梵二会议基本上完全接受了纽曼关于良知的观点。

1970 年，当时教宗保禄六世就曾指出，纽曼对教会的一个重要贡献就在于对那不可比拟、独一无二、无可取代的"人之尊严"的敬重。梵二《牧职

10 [德]拉辛格著：《纳匝勒人耶稣》第一集，闻道出版社，2007 年，引言。

宪章》强调"人格尊严"，其中就包括了"良心的尊严"。在良心深处，有"法律"的存在，这法律并不是来自于人们自足的理性，而是由上帝"铭刻"到人的内心之中，以之作为人们道德判断和抉择的准绳。良心是人最内在的本性所在，也是人与上帝沟通的直接通道，"良心是人最秘密的核心和圣所。在这圣所内，人独自与天主会晤。而天主的声音响彻于良心至秘密的角落。良心神妙地将法律揭示与人……"。（GS16）尽管良知的判断在实际中会发生错误，但却并不因此而失掉其尊严。

当然，梵二会议在强调良知尊严和自由的同时，也强调教会的权威。根据公教的古老传统，教会具有一种训导权，这是教会的本质之一，其中就包括了关于基督徒道德生活的教导，以防止良知可能出现的错误。梵二会议也明确地肯定了这个传统（LG25），同时也指出，训导权对于人们良知提出一些要求。人们不可以不顾训导权而自己作判断和决定，"教友为培养自己的良心，该谨慎注意教会的神圣而确定的道理。由于基督的意愿，教会是真理的导师，她的职责是宣扬并权威地教授真理—基督，同以自己的权威阐明并确证由人性本身流溢的伦理秩序之原则。"（DH14）

（二）启示的本质及源头

《启示宪章》中的启示理解部分因袭了梵蒂冈第一次大公会议的认识，但也有新的发展，有其鲜明的特点。

启示的本质。宪章最重要的发展和贡献在于对启示的本质的规定，"启示是天主因著他自己的仁慈和智慧，用彼此有内在关联的行动和言语，把他自己、他对人的计划、以及他和人的关系显示给人。使人能够藉基督，在圣神内接近父，并成为有分于天主性体的人。"（DV2）其中表达的核心思想就是上帝在历史中向人的自我启示，因此，上帝的启示具有历史性、人格性。这种启示观就与梵蒂冈第一次大公会议形成鲜明的对比，梵一会议强调的是作为"真理"、"道理"、"教义"的启示，而在此上帝是通过"内在关联的行动和言语"，即可以实现与人沟通的形式主动走向人，因而这种启示理解相当富于具体性、生存性。

启示和教义的发展。既然上帝是在历史中自我启示，所以启示必然是一个不断彰显直至圆满的过程，启示与教义存在"发展"问题，宪章中指出，"天主历经许多时代给福音预备了道路"。这也就意味着教义、传统会在历史中发生变化，但是变化只是说明"领悟"的"进展"，其本质性的内容是不会发生变化的，而新增加的理解和事物也并不是外在于它们的，相反却成为它们中有机构成部分。

启示的源头和传承。梵一会议强调启示有两个源头和传承形式，即圣经与传统，这种理解容易导致天主教与新教的分歧。"合一"是梵二会议的重要精神之一，因此在起草《启示宪章》时，充分照顾到兄弟教派的意见，只是比较轻描淡写地指出启示亦能来自于传统。在宪章的最终表述中，则对启示的源头与传承形式及其相互关系作出明确的规定，规定圣经、圣传、教会训导同为启示的源头和传承形式，圣经与圣传紧紧"相连并相通"，两者组成"天主圣言的同一宝库"，并交托给教会保管，对它们都应该以同样的敬意和热忱加以尊重与接收。（DV9-10）

（三）圣经神学

梵二会议一个重要的成果即在于对圣经神学的恢复。其实，天主教会并不缺乏圣经神学的传统，圣多玛斯就将自己的神学建立在神学基础之上。但是进入现代以来，却出现了圣经神学和教义神学相分离的现象，而且后者的地位还要在前者之上。

梵二会议在其文献中试图平衡两者之间的关系，对于圣经神学有所重视，这在《教会宪章》（Lumen Gentium）中有充分的体现。其中《宪章》第一章要讨论的问题是"教会的奥迹"，为了说明作为"奥迹"存在的教会，《宪章》运用了圣经中的很多形象予以说明，如教会作为天主的"羊栈"（若 10：1-10），"农场"（格前 3：9），"建筑物"（格前 3：9）等。之所以采用圣经中的形象，是因为既然教会是"奥迹"，那就是任何纯粹的理性概念所无法描述的；只有通过圣经中种种形象才能对之加以说明，也才具有说服力。《宪章》仍然贯穿了第一章所遵循的圣经原则，只是更加强调教会作为"天主的子民"的形象（宗 10：35），即天主通过与所有的人联合并在所有人中完成祂对人类的救赎计划。

纽曼的神学也基本上是以圣经为依据的。他在牛津时期的《堂区平日讲道集》和《牛津讲道集》都充分体现了他对于圣经神学的运用。但是他对于圣经的运用，并不是完全如传统的新教那种圣经主义的态度，他的圣经神学体现了他以一种"发展的原则"去解读圣经。在后来他关于教义发展理论的名著《论基督宗教教义发展》中，他这样来表达自己对于圣经的理解：

> 我们应当留意圣经的结构和风格，其结构是那样的不系统和多变，其风格是那样的间接和寓意丰富，以至于没有人能一眼就说出在它内有什么和没有什么。似乎可以说，它不能被绘制，或它的内容不可被编目；但是毕竟我们会努力，直到我们生命的结束，直到教会的结束，它是一块未被开发的、未被征服的土地。在我们路的左右，有高山峡谷，有森林溪流，它们包围着我们，其中充满意想不到的惊奇和珍贵的珠宝。有哪一条教义，当然是指那在实际上与启示并不矛盾的教义，可以声称自己不是出自圣经呢？有哪一位读者，无论他从圣经中学到了什么，可以讲自己已经掌握了圣经所包含的信条呢？[11]

这就是纽曼在皈依天主教之前的圣经观，其中强调了教义与圣经的一致性，圣经构成了教义的主要来源。但纽曼并不因此而忽视教义，他认为教义或传统的作用在于可以引导和光照我们去理解圣经，通过传统可以更好地去把握圣经启示。可以看出，纽曼希望在圣经神学和信理/教义神学两者之间达成一种平衡。这也正是梵二会议的所持有的基本立场。

事实上，纽曼对梵二会议的影响绝不限于以上诸方面，梵二会议在议定基督宗教与世界，基督宗教与非基督宗教之关系，大公主义以及平信徒在教会中地位与作用等问题时，都或多或少地受到纽曼启示理解和神学思想的影响，纽曼的确充当了梵二会议的"先知"角色。当然，梵二会议也并非完全接受纽曼的一些思想，在教宗首席权、教宗无谬误以及在教会内更大程度发挥信徒作用等问题上，大公会议仍固守传统，态度比较谨慎，这或许是因为在公会议看来，纽曼在这些问题上的认识走得有点远，略显"激进"的缘故。

第二节　宗教的幅度

一、纽曼与基督宗教护教学

（一）基督宗教护教学的基本论域

护教学有广义与侠义之分。广义的护教学是指普通宗教的护教学，会涉及每一宗教。这种意义上的护教学可以划入自然神学和宗教哲学的范畴之内。

---

11 Dev.,p.71.

其所讨论的主要问题包括：辩护宗教的或有神论的宇宙观，神灵存在的理由，解答罪恶的问题，反击无神论或不可知论。

　　狭义的护教学则是指基督教护教学。在西方基督教文化语境下，护教学 apologetics 一词来自于希腊文动词 apologeisthai，其含义是为自己或别人辩护来解释本身行为的理由，证明自己的意见、学说、动机与信念正确，以对抗否定他们的人。基督宗教护教学一般来说即是：有关捍卫、辨明或证明基督宗教的神学科目，它有自己独特的论域。基督教护教学属于基督教神学的重要组成部分，具有深厚的历史传统。在基督教历史上，一些最杰出的神学家往往也是著名的护教士，如教父时代的奥利金、奥斯定、德尔图良，中世纪的托马斯·阿奎那，宗教改革时期的加尔文等。他们中很多都有护教作品流传于世，如奥利金的《驳克里索书》（Contra Celesum），德尔图良的《护教篇》（Apologeticum），阿奎那的《驳异端总论》（Summa Gentiles），甚至在加尔文的皇皇巨著《基督教要义》（Institutes）中的大部分资料也是护教学的，其中对经典人文主义的错误多有批评。

　　概言之，基督宗教护教学在不同历史时期，有不同的历史表现和形式，具有不同的时代境遇和历史侧重。综合而论，基督教护教学关注的主要问题涉及：普遍启示与特殊启示的性质，圣经和历史中的神迹和预言是否可信，圣经的灵感与权威以及信仰与理性的关系等。[12]兹分别说明之：

　　基督宗教作为启示性宗教所要面对的一个重要问题就是如何对待普遍启示与特殊启示的各自性质及其相互关系。一般而言，基督宗教并不太强调两者之间的对立和冲突，认为两者之间或者是一种平行，或者是一种兼容，再或是一种互补的关系，多玛斯曾言"自然不是摧毁恩典，而是要成全恩典"。因此，就出现了所谓的"两本书"的说法，也在基督宗教神学史上出现了自然神学或理性神学，主要代表就是多玛斯主义和新多玛斯主义。从实际看，协调普遍启示与特殊启示，也就是协调神学与哲学、科学、历史，也就是要协调基督宗教与其他宗教的关系。当然，这种协调并不是折中，并不意味着基督宗教身份的消失，相反则是得到更有力的彰显，这也正是护教士们的工作所在。

　　在圣经和教会历史中，会发现各种的神迹和预言，信仰者们赋予其上帝启示的意义。但是这往往会遭受到来自理性的质疑，在理性看来，这些神迹

---

12 亚兰·黎家生著：《基督教辩护学》（中译本），道声出版社，1966 年。

和预言都是荒诞不经的。除个别护教士如德尔图良会斩钉截铁地说"因为荒谬，所以相信"之外，其他的教父作家们基本上都还是以理性作为辩护的工具的。（当然，在一定意义上而言，德尔图良的理解是另外一种逻辑和理性。）在科技昌明的 20 世纪，圣经神话遭受更大的冲击。

基督宗教认为圣经是人受神的默感而写成的关于上帝的话，圣经对于基督宗教具有绝对的权威性。因此，如何辩护圣经"无谬误"，圣经是否是上帝的圆满启示等就是护教士的主要任务了。在教父时代，围绕圣经的权威与解读，就出现亚历山大学派和安提厄学派之争，前者主张寓解经，后者主张严格按字面理解。在 19 世纪圣经解释学的重大发展在于圣经批评学的建立，圣经文本在与文学、历史学、编纂学、考古学等诸多学科的关联中获得新的理解认识，"圣经神学"应运而生。

信仰与理性的关系基本贯穿基督教护教学的始终。基督教护教学的根本目的就是要确立基督信仰的知识地位，为此就要建树"基督教哲学"，后来天主教新经院哲学派的代表人物吉尔松就认为，"唯有启示与理性之内在关系，才足以赋予它（基督教哲学）以意义。"[13]事实上，早期教父们的主要任务就是要整合基督信仰与希腊哲学，并努力将后者纳入前者的框架之内。其中最具代表性的就是圣奥斯定："我信是为了理解"（Credo ut intelligam）和圣安瑟尔谟"信仰寻求理解"（Fides quærens intellectum）。

（二）纽曼的护教理路

客观而言，纽曼首先是一位护教士，然后才是一位神学家。无论是早年在安立甘教会时期，还是后来转皈罗马天主教会，他都以捍卫基督信仰为己任。可以说，他的护教思想几乎贯穿他的主要讲道集和著作之中，如《大学讲章》、《自辩书》、《赞同的法则》等。他的护教思想以启示理解为中心，涉及基督宗教护教学的所有论域，论述全面而又深入，这使得他完全可以跻身于 19 世纪最伟大的基督宗教护教士之列。

质言之，纽曼的护教思想主要包括：基督宗教属于启示宗教，它是对自然宗教的超越，自然宗教是启示宗教的预备。自然宗教和基督宗教分别代表了上帝的普遍启示与特殊启示，上帝的启示在人的良知与各种历史传统中普遍存在，基督宗教之特殊启示是自然宗教之普遍启示的圆满。上帝的全部启

---

13 [法]吉尔松：《中世纪哲学精神》，沈清松译，上海世纪出版社，2005 年，第 44 页。

示都在圣经之中，圣经的默感性和无谬性不可动摇，尽管圣经中的各种神启、神迹可能会与现代科学相抵触，但它们作为"先前的或然性"仍可以保证上帝启示的真确性。上帝的启示不会与人的理性和现代知识相违背，人可以运用"推断感"自然而然地去走进信仰，获得对上帝启示"真正的赞同"。

19 世纪的天主教护教学具有两种倾向。一种是比较进步的护教学思想家尝试与十九世纪哲学主流展开认真的对话。另一种则是传统的天主教护教学，继续坚持天主存在的可证性与历史的可靠性，主要代表有巴尔梅斯（J.L.Balmes,1810-1848）、贝洛内（G.Perrone,1794-1876）以及梵一大公会议（1869-1870）。另外，像纽曼却极其谨慎、精密地表达宗教认识论。

18 世纪以来，基督宗教的认识论和基督信仰的知识地位受到启蒙运动的严重冲击，除了自然神论，另外更大的威胁来自于英国休谟的怀疑主义，德国康德的批判主义理性宗教思想，以及法国更为激进的无神论。其中休谟持彻底的经验主义立场，认为"没有任何证言足以确定一个神迹"，圣经中各种神启、神迹因缺乏证据因而不足为信，无法从有限的人类经验推论出上帝及其启示的存在。而康德则对传统的神学认识论展开了批判，在他看来，将神学及其启示建立于认识论无疑于建立空中楼阁，凭借人之理性根本无法认识"物自体"，有限的人类理性无法获得关于无限之上帝的任何知识。

可以说，纽曼的宗教认识论就是对上述休谟的怀疑主义及康德理性主义的自觉不自觉的回应。纽曼所要面对的问题实质上即是"休谟问题"，即在缺乏足够证据的前提下，怎样论证一个命题之合理性。如同洛克一样，纽曼将知识建立在经验基础之上，他认为思维是通过个别事物真实的形象或印象而活动的，这些事物对接受者而言都是私人的、个人化的。纽曼否定由一般概念而来的知识标准，他认为只有那来自个体内部的经验才是真实的知识，他称之为是"真正的推论"。人的头脑可以通过大量相互支撑的"或然性经验的累积"而在各种结论中发现一种"标准"，这个标准是绝对的，与证据的比例无关，它是人的头脑的正常和自然状态，即人的"推断感"，推断感不必以比例或语言为中介就可以获得对事物的整体认识。比例或语言都是附加于事物上的，一位有经验的老农会看云识天气，拿破仑会通过对敌军的判断确定自己的作战方略等等，这些都是日常生活实践中的判断。在此，纽曼与洛克不同，洛克认为信仰应该是与一定的证据等比例的相信，而纽曼则认为"推断感"就是人的思维的"第一原则"，由此可以获得"真正的赞同"，即绝对的而非有程度区分的那种赞同，这种赞同并不取决于证据的多寡。在纽曼看来，对于一个命题的赞同如此，对于上帝存在及其启示的赞同同样如此，通过运用"推断感"在信仰中的运作，即"信仰的想象"，基督徒可以获得对上帝绝对的、完全的、无条件的赞同。而对纽曼而言，这种"信仰的想象"之发挥就在于人的良知，人在遵从良知的分辨与道德实践中获得上帝存在的确信。这样，纽曼实际上也是对"休谟问题"的一种解答，由经验到超验并非无路可走，通过"信仰的想象"就可以实现由"应该"（良知）到"是"（上帝存在）的飞跃。

在此，我们已经可以发现纽曼的理路与康德哲学是多么的相近了。康德在砍掉理性神论头颅的同时，又复活了它的尸体，而他所运用的魔杖就是实践理性，在此基础之上，他建立了自己的道德哲学。纽曼的"推断感"与康德的"实践理性"非常类似，所不同者，他大大放大了理性的尺度，康德认为这实践理性仅仅在经验界发挥作用，但纽曼则是将它直接推进到了超验的上帝领域。以此而论，目不识丁的基督徒并不是启蒙思想家们所认为的"傻子"，圣经中的神迹、启示也不是宗教家的"骗术"，基督徒的信仰也是合乎理性的行为，圣经启示同样具有它的知识地位。这就是纽曼为基督启示和信仰从认识论的角度所进行的辩护逻辑。

信仰认识论是纽曼对基督宗教护教学做出的最大的贡献，正如前面我们已经论述过的，他的护教思想对后来的基督宗教神学家郎尼根、普兰丁格等都产生过重要的影响。

二、纽曼与大公传统

纽曼的三次皈依及其看似不断变换的神学立场使得他即使在当时就是一位饱受争议的人物，牛津运动中他皈依罗马天主教与安立甘教会分道扬镳，皈依后他又受到来自金斯利对其皈依真实动机的质疑，在罗马教会内他也与曼宁等大主教在教宗无谬误等教义上存在认识的分歧，经常遭受猜忌和排挤。无论早年在圣公会内，还是后来在罗马教会内，纽曼似乎总是扮演一个"边缘人"的角色，给人捉摸不透的感觉。在他看来，他早期所信奉的福音主义缺少理性，他短期与自由主义的调情也说明它缺少信仰，而他的安立甘——天主教信仰证明缺少秩序，他也认为自由天主教距离理性太远，新教宗至上主义又距离秩序太远。这样来看，真得很难将纽曼的神学归于基督宗教的任何一个教派，他对上帝及其启示的理解极具有"个体性"，但他却没有因此而陷入"主观主义"的泥沼。相反，他实际上是要在理性与信仰，自由与秩序之间寻求一条"中庸之道"。

理性与信仰的协调。纽曼所讲的"推断感"并非反理性或超理性，而是指理性在信仰中的正确运用，他所反对的只是理性在信仰中的滥用，同时他也反对不讲理性的信仰狂热。所以，在实际中，他既批判"反教义"的哲学理性主义，同时也不赞成新教派的"私人解经"，认为两者同为"宗教自由主义"。他认为，教义是基督宗教启示和信仰的理性表达，正统信仰应该坚持自己的教义原则。尼西亚信经和使徒信经是大公教会共同的信仰，但教义存在"发展"，所以包括安立甘教派在内的基督新教所持的那种观点，即认为尼西亚之后的罗马天主教会的教义是"败坏"的观点，应该接受理性和历史的重新审查。

自由与秩序的统一。纽曼早年接受加尔文教派的某些思想，其中就包括对个人良知自由首要性的推崇。不管是来自何种意识形态的压力，或是政治上的伊利都主义，或是来自宗教上的新教宗至上主义，都应该聆听内在良知的声音进行信仰选择。皈依天主教后，他将这种思想引入天主教会内，在梵一决定"教宗无谬误"信条时，他采取的就是一种基于个人良知的极为谨慎的理解态度。他的良知论直接影响了天主教梵二会议相关文献的起草、制定。但另一方面，他也强调教会的传统与权威，认为一个大公教会的鲜明标志就是要尊重和坚持使徒统绪、主教制。

协调理性与信仰，自由与秩序之间的关系成为纽曼宗教思考的基本出发点和落脚点，而由此带来的实践也可以为今天的基督宗教带来些许启迪。牛津运动中，纽曼试图通过恢复大公传统来挽救当时的国教会危机，但书册派"罗马化"的倾向尤其最后纽曼的皈依则宣告了这种努力的失败。皈依罗马天主教后，纽曼将新教的某些元素，当然是经他改造后的神学思想，主要包括教义发展、良知论、圣经神学等带入天主教会内，在当时，罗马教会对他的这些思想反应并不太热烈。但后来历史发展却证明了纽曼思想的前瞻性和持久的影响力。在英国圣公会内，牛津运动虽然以失败告终，但由其标榜的向古代大公教会传统回归的运动才刚刚开始，只是避免了"罗马化"的极端而已。而且，直至今天，安立甘——天主教主义者仍不断从纽曼那里汲取灵感。在罗马天主教会内，20世纪梵二会议充分吸纳了上述纽曼具有新教和安立甘信仰色彩的思想。

由此可见，纽曼的神学遗产不仅属于天主教会，同时还属于英国圣公会，他的思想具有"大公性"。也正是在此意义上，原教宗本笃十六世 2010 年在英国宣布纽曼为真福时，称其为是"大公合一的坚固桥梁"。有趣的是，纽曼的思想具有"个体性"，与这里的"大公性"似乎相抵触。在此，需要指出的是，纽曼并非是普世大公主义者，也不是现代意义上大公主义运动的先驱人物，他的神学与信仰反思更多是为了个人灵魂的安顿以及护教的目的，而不是要寻求所谓教派之间的对话、共融、合一。但问题是，他的相关思考后来为罗马教会所接纳，成为积极参与和推动大公运动的标记。按照龚加尔的归纳，普世大公运动包括四个基本维度，分别为"神学或教义的层面"、"制度层面"、"属灵层面"和"实践层面"。其中第一层面"神学或教义的层面"在实际操作中比较棘手，各宗派的神学主张和教义理解往往分歧很大。但如果在此层面上没有什么突破，那么也就很难说大公运动取得实质性的效果。以此而论，罗马天主教梵二会议借鉴经纽曼改良后的新教神学思想，并且通过了《大公主义法令》，成立"非基督徒合一秘书处"，的确表明了其推进大公运动的诚意，也标志着大公运动走向深水区。自教宗保禄六世以来，历任教宗对"分离的弟兄"尤其是英国的圣公会采取诸多宽松务实的政策，又加之圣公会内部围绕女性圣职、同性恋等意见分歧，结果导致近年来不少圣公会主教、牧师如他们的先辈纽曼一样转皈罗马天主教。尽管这对圣公会是非常遗憾的事，但却不能不引起深入的思考，这样的思考正是牛津运动时以纽曼为首的书册派曾经思考的问题，即偏离了大公传统和正统信仰的圣公会还是"真教会"吗？

当然，大公运动的"合一"并非是"合并"或"收编"，而是在回归大公传统的基础上实现彼此的和平共处，共同致力于基督真理的发掘与践行。不管怎样说，普世大公运动最显著的成果就是天主教与圣公会之间的对话、合作。之所能够取得这样的成就，应该与双方对一些基本原则的认同有关，而这些原则早已在纽曼的神学思考中得到了体现，即圣经、理性、传统和经验。当代英国坎特伯雷大主教蓝赛在论及如何开展安立甘主义与罗马公教主义的对话时，也提到了上述原则，"希望我们双方能够恢复由圣经，传统，和理性——将上帝启示之已知之物，与对这些启示在任何时代中的意义所探索的结果混合在一起，就是将我们过去与现在的异象结合起来。"[14]

---

14 [英]蓝赛著：《圣经·传统·理性·经验——安立甘精神》，黄明德译，雅歌出版
　　社，1994 年，第 81 页。

第三节　文化教育的幅度

一、温和的文化保守主义者

从思想文化史的角度而言，可以说，理性主义在 17 世纪的生长首先表现为普遍的怀疑精神和批判意识，这种怀疑和批判当然是针对当时强势的基督教信仰的。至 18 世纪法国"百科全书"派的启蒙思想们家对基督教采取了更为激烈的批判态度，基督教信仰遭受到了严重的打击。但是启蒙运动在英国却没有像在法国那样掀起宗教批判的惊涛骇浪，传统的基督教信仰与新兴的理性精神和谐地交织融会在一起。[15]但是这种情形到了 19 世纪，却发生了重大的变化。19世纪初期的英国，思想文化界流行功利主义、浪漫主义、自由主义，不仅造成了传统文化的失调、失衡，[16]而且也对于基督教信仰带来严重的危害。

同样是面对来自自由主义对传统文化和信仰的挑战，同一时期的格拉斯顿放弃了原来的"政治教士主义"之梦，投入了自由主义的怀抱，并成为了自由主义的旗手。[17]与之形成鲜明对比的是，纽曼选择了被视为极端保守的罗马教会。[18]因此，似乎纽曼的信仰和文化选择似乎是不折不扣的保守主义。但是对此，应该予以仔细的辨认，才能得出客观的认识。

---

15 赵林主编：《启蒙与世俗化》，武汉大学出版社，2008 年，序言。

16 从牛津运动到最后纽曼转皈罗马天主教，这一时期正是英国社会开始向维多利亚时代过渡时期；这一时期虽然仍然还无法与维多利亚时代中后期那种社会转型来得剧烈，但也已经开始迈向了转型的门槛。功利主义、自由主义对于英国传统文化和宗教信仰的影响也许还无法以维多利亚时代的"危机"来形容，但以"失调"、"失衡"来形容应该不会过分。

17 根据国内学者李义中的研究，1844 年美努斯事件（即皮尔建议政府拨付给美努斯天主教神学院，并使该项增拨款方式成为永久性拨款。）是格拉斯顿政治生涯中的一个重大转折点，理由"首先是由于它彻底粉碎了格拉斯顿的教会与国家联合的政治教士主义梦想"。（李义中：《从托利主义到自由主义——格拉斯顿宗教、政治观的演进》，中国社会科学出版社，2004 年，第 138 页。）1845 年之后，格拉斯顿走向自由主义。

18 19 世纪的罗马天主教会沿着维护教宗的最高权威这一方向发展，称作"越山主义"。越山派推崇教宗和君王的地位，其势力因"传统主义三先知"的著作而增强。这三人是约瑟夫·迈斯特尔（1754-1821），路易·博纳尔（1754-1840），特别重要的是胡格·拉梅内（1782-1854）。越山主义把教宗的地位抬高到一切民族教会和地方教会之上，耶稣会在助长这种倾向上出力甚大。（[美]威利斯顿·沃尔克著：《基督教会史》，孙善玲等译，中国社会科学出版社，1991 年，第 655 页。）

论及保守主义,很多人习惯于将其等同于落后、守旧、复古等贬义的内涵。但是保守主义并不是守旧、落后和顽冥不化的代名词;它应该还有更深一层的内涵,即在社会转型时期,在各种社会意识形态和思潮风起云涌之时,在面对各种不确定性的新观念、新事物时,倾向于保持传统文化的延续性,注意从传统文化和宗教中吸取养料,以求在成熟稳健中实现观念的转换,社会的平稳过渡。对此,曾有论者指出:"在英国,'保守'这个词并不意味着开历史倒车,甚至也不意味着抗拒变革;它意味着尽可能长期地保持某个事物,并且在不得不进行变革时把变革的幅度限制在尽可能小的范围内。"[19]

纽曼固然重视传统,但是却没有因此而割断历史和现实,传统和历史仅仅是构成了他理解和关照现实的一种资源和参照。在此,需要指出的是纽曼所秉承的历史哲学来自于近代最早的保守主义者柏克。保守主义是 19、20 世纪与自由主义和社会主义并列的西方三个主要意识形态之一。保守主义直到大约 1830 年才在英国成为政治话题的一部分。但是,保守主义的哲学实质在 1790 年就由埃德蒙·柏克的《法国大革命》(*Reflection of the Revolution on France*)一书呈现出来了。对于历史和传统,由柏克而来的保守主义者认为,"'历史'究其实质,不过是经验而已;……在人类关系问题上,经验比抽象思考和演绎思考更可信赖。"[20]也就是说,通过历史的研究路径能够充分地了解社会现实。如果我们不知道自己曾经置身于何处之前,那我们就不会知道身在何处,更不知道自己将至何处。这就是保守主义历史哲学的基本论断。纽曼在《论基督宗教教义发展》中提出了现在的天主教教义和神学如何是过去的一个历史的必然结果,而这过去则可以一直追溯到使徒时代的基督教。如果过去是有生命力的,那么,它就应当被仔细地和客观地加以研究。

因此,纽曼并不是复古主义意义上的那种极端保守主义者,充其量也只是一种古典的或温和的保守主义者。[21]如果将纽曼与《清流传》的作者辜鸿铭进行对比的话,[22]这种认识也许会更加深刻。不妨说,对于传统文化和宗教信

---

19 钱乘旦著:《在传统与变革之间——英国文化模式溯源》,浙江人民出版社,1991年,第 281 页。

20 [美]罗伯特·尼斯贝著:《保守主义》,邱辛晔译,台北:桂冠出版社,1992 年,第 31 页。

21 [英]欧文·查德威克(Owen Chadwick)著:《纽曼传》,彭淮栋译,第 82 页。

22 早年留学英国爱丁堡大学的晚清民国时期的辜鸿铭著有《清流传》。该书将中国清流党的运动称为"中国的牛津运动",其中,他将李鸿章视为是自由党人代表,张

仰的理解，如果将两者做一个大概的对比的话，就会发现在纽曼的理解中理性的成分更多些，而辜鸿铭的理解中情感的胶着更多些，因而后者就呈现出一种偏颇或扭曲的形象。辜鸿铭不仅强调传统礼教的根本性作用，而且加以普世化，充分体现了其作为毫不妥协的反欧化论者的形象，当然也是文化傲慢抑或文化自卑的一种体现。

二、大学的理念

纽曼的《大学的理念》是教育史上的名著。在这部著作中，纽曼对于现代大学教育的本质、目的、目标等都进行了系统而深入的阐释，他认为自由教育思想即是大学教育思想的根本内涵和核心内容。可以说，《大学的理念》开创和奠定了现代高等教育理论体系的基础，在高等教育哲学领域产生了持久的影响力。

在英国，继承纽曼自由教育思想的主要代表人物有 R.S.皮特斯（R.S.Peters）和 P.H.赫斯特（P.H.Hirst）。如同纽曼一样，他们也认为大学教育的真义在于其非功利性，它应该以追求知识本身为目的。在皮特斯看来，教育和学习的目的不是从中获得什么实际的利益，而是要实现"心灵的自由发展"。而赫斯特也认为，人所特有的德性即在于追求知识本身，人通过追求知识以获得完善的心智。

在美国，受到纽曼自由教育理念影响的教育理论家主要以 R.M.赫钦斯为代表。为了与日益泛滥的功利主义教育思想相抗衡，赫钦斯继承纽曼的自由教育思想，提出了"通才教育"（General Education）的理念。所谓通才教育就是要培养人的"理性"，因为只有理性在人性中具有"永恒不变性"，只有拥有理性美德的人才可以成为真正的"自由人"，从而可以促进民主社会的进步。

纽曼的大学理念对近代中国大学的兴起也有一定的影响。言及近代中国大学教育，蔡元培是不可绕开的重要代表人物。他的大学教育思想主要来自

之洞视为英国的格莱斯顿，将北京的翰林院作为中国的牛津,是中国牛津运动的总部所在。将翰林院的李鸿藻视为是牛津运动的领袖纽曼，将张之洞的《劝学篇》比作纽曼的《自辩书》，认为两者都是"人的心智不合常规的明显例证"。他认为，清流党所进行的这个中国的民族运动，像英格兰的牛津运动一样，是儒家教义的英国高派教会保守党的复兴。这个运动的目标,是反对当时李鸿章和中国自由党人所推许的外国方法和外国思想的同时，通过倡导全国遵照儒家教义，使生活更加严谨,净化国民生活的潮流。(辜鸿铭:《清流传》,北京出版社,1997年,第38页。)

于纽曼模式（Newman Model）和洪堡模式（Humboldt Model）。他提倡的"教育者，养成人格之事业也"，"养成共和国民健全之人格"，"使被教者传布普通之知识，陶铸文明之人格"就是典型的纽曼教育思想。纽曼大学理念的目标就是要培养人"卓越的心智"和成熟的人格，大学教师同时兼具"牧师"的角色，不仅仅负责知识的传授，同时还负有学生道德品性陶成的职责。

时至今日，纽曼大学的理念对当下我们的高等教育仍具有多方面的启发意义。如何正确对待和处理大学教育中的教学与科研，素质教育与职业教育以及包括哲学、宗教学在内的人文学科在大学学科设置中的地位等等，都可以从纽曼自由教育那里获得丰富的认识。针对当前大学校园中大学生群体宗教信仰"升温"的事实，我们认为开展包括宗教学在内的"通识教育"可以成为改进高校"两课"教学和思想政治教育工作的有益补充。

显然，高校思想政治教育与宗教教育具有本质的区别，但在一定程度上两者也具有共性的方面，因为两者面对的都是受教育者的心理、精神，都要求将各自的意识形态实现进脑、进心的目的。实际上，纽曼的大学教育理念对高校思想政治教育在学科定位以及教师素质要求方面不乏启发意义。高校"两课"完全可以凭借其学科地位及优势成为传授"普遍知识"的地方，这就为改进和创新高校思想政治教育提供新的视野与思路。固然，思想政治教育绝对需要突出其意识形态性，要反对"弱化意识形态"和"去意识形态"的观念与做法。但另一方面，思想政治教育学科也是一门包括政治学、教育学、哲学、社会学、心理学、伦理学以及宗教学在内的综合性学科，科学性与人文性是其存在和发展所内在地蕴含着的本质规定性，"思想政治教育学科是一门综合性和应用性很强的学科，同时也要依托其他人文社会科学学科的发展和支持。"[23]高校思想政治教育应该将宗教学等人文学科纳入到自己的学科体系中来，通过第一课堂、选修课、讲座等形式，向大学生普及宗教文化知识，使他们可以正确区分宗教中的不同派别、宗教与邪教、宗教与迷信的区别，以免误入歧途，同时通过学习各大宗教的历史、文化、艺术、道德要求，也可以起到扩大视野、陶冶情操的作用。高校思想政治教育辅以科学和人文教育不仅可以使学生得到"通识教育"，素质得到全面提高，而且也有利于他们甄别不同宗教，形成正确的宗教观。对于高校开设宗教学是否导致宗

---

23 周中之：《思想政治教育学科发展的若干关系研究》，载《马克思主义与现实》，2007年第2期。

教信仰的担忧，中国人民大学的杨慧林教授通过调查，得出两者并非正相关关系，相反，调查显示，越是在课堂上最早接触基督教的同学，越容易成为非信仰者。这就为高校探索思想政治教育的新思路，大力推广"通识教育"，提供了有力的证据。另外，为切实应对高校"宗教热"问题，提高高校思想政治教育教师素质成为当务之急。如果仍然保守残缺，一味采取"灌输"式的教育教学，只能适得其反，可能会将更多的大学生推入宗教信仰的怀抱。高校思政课教师在努力提高政治思想理论水平的同时，也应该努力提高自身人文素养和教育艺术，探索课堂教学的新路子，增强思想政治教育的说服力和感染力。

本章小结

　　纽曼启示理解的影响和意义主要集中于神学、宗教和文化教育三个幅度。神学的幅度：他的启示理解与20世纪天主教的主要神学思潮现代主义、新经院主义具有复杂的关联，另外他的启示理解对梵二会议及其神学具有直接的影响。宗教的幅度：他的宗教认识论极大地向前推进了天主教护教学，同时他的神学反思也成为基督宗教内部对话实现大公合一的桥梁与纽带。文化教育的幅度：在英国维多利亚的社会转型时期，他充当了温和的文化保守主义者的角色；他的自由教育思想对于欧美以及中国的大学教育具有不竭的影响力。

结 语

　　广义而言，启示与一切宗教有关，几乎每一种宗教都宣称自己拥有一定的或圆满的"神启"、"天启"、"神迹"。严格意义上而言，有四种主要宗教，基督宗教、犹太教、伊斯兰教和印度教通常被认为属于启示性宗教。启示是关乎宗教本质的问题，属于宗教的根本要义，它表达的是宗教的根本内涵。同时，启示又总是处于一定的社会历史与思想文化之中，它不可避免的与各种社会文化要素具有这样那样的关联。所以，如果说启示与宗教的关系构成启示概念的基本内涵的话，那么启示与其他社会文化要素的关系就构成了这一概念的基本外延。以此而论，可以将纽曼关于普遍启示与自然宗教以及特殊启示与基督宗教关系的理解，视为其对启示的内涵式理解；另一方面，纽曼关于启示与历史、理性、知识教育的关系的认识，则构成了他对启示的外延式理解。这样，尽管纽曼本人并没有试图去建构一种"启示神学"，但他却在事实上形成了关于启示的系统性理解，内涵丰富，外延宽广。与基督宗教传统的启示理解相比，他的启示理解具有转向主体、转向历史的倾向，形成了别具特色的"对话——超越"型启示理解。

　　对于基督宗教而言，在漫长的中世纪，启示问题并不成问题，因为神学是一切学科的王冠，基督宗教的启示基本上处于不可撼动的地位，接受基督信仰和启示对当时的人们是自然而然的事情。但经历启蒙运动之后，基督宗教被贴上"启示宗教"的标签，并开始接受来自宗教不信主义、哲学理性主义、科学实证主义以及历史主义的批判，启示被等同于神秘、迷信、宗教狂热等。这样造成的结果便是，启示/宗教与哲学、知识和历史的对立，启示成为宗教的专属地，失去了与现代知识和教育的对话能力。在此意义上而言，纽曼的启示理解并不是在基督宗教内的封闭性理解，而是在 19 世纪的文化教育语境下，结合基督宗教的历史传统，对启示的新理解。按照他的理解，基督宗教的启示是可以与其他宗教文化传统对话的"普遍启示"，同样，这种启示也可以与现代哲学、科学与教育开展对谈，它并不因知识的进步，科技的发展而失去它的知识地位。可以说，纽曼对启示的思考、探索，在很大程度上，修复了自启蒙运动以来业已恶化或断裂的启示与现代社会和思想文化的关系。他的这种启示理解的时代和历史意义也即在于此，如前节所述，他的思想对 20 世纪的天主教思想和大学教育都曾产生重要而深远的影响。

与经院神学家不同，纽曼并没有建构宏大而精致的神学体系，他的主要思想或者是对个人信仰的神学反省，或者是与当时思想界论战的结果。因此，总体而言，他的思想显得有点不成系统，各种概念、表达、观点之间也会存在矛盾之处，另外，他对正统、权威、教义、超功利性教育等的强调，对于生活在一个更加开放、多元时代的人们而言，似乎显得隔膜，甚至还会招致人们激烈的反对、批判。客观而论，由于受个性、教派立场以及历史时代的局限等制约，在纽曼的思想表达与启示理解中，难免存在一些容易引发歧义的认识，需要今天的人们对之加以澄清、扬弃和补充。

首先，良知和自然宗教的概念。纽曼所使用的"自然宗教"的概念是一个需要进行仔细分辨的概念。如果结合 18 世纪以来的哲学文化处境，我们认为，"自然宗教"至少是在两个意义上加以使用的。一种是作为与"启示宗教"相对立的那种自然宗教。这种自然宗教又可以分为两个基本的向度。其中一个向度为理性的向度，在此意义上的自然宗教称之为"理性宗教"，其在当时基督宗教内的表现就是自然神论，巴特勒主教的《自然宗教与启示宗教的类比》以及休谟的《自然宗教对话录》中所使用的概念就是在此意义上的自然宗教。另外一个向度则是道德良知的向度。最初在此向度上使用这一概念的就是卢梭，卢梭在《爱弥儿》中曾对自然宗教有自己的界定，按照他的理解，自然宗教即是"内心的崇拜"或称之为"良心的体验"。我们认为自然宗教的第二层含义则是指原始信仰意义上的自然宗教，这种自然宗教以万物有灵、图腾崇拜、祖先崇拜等为基本特征。那么，纽曼究竟是在哪种意义上使用自然宗教的概念的呢？显然，他不是在纯粹理性的向度上使用这一概念的，他强调良知是自然宗教浮现的基本依据，可以看出他比较接近良知的向度。同时，他也强调"神意"作为自然宗教的基本特征，因此又比较接近原始信仰意义上的那种自然宗教。尽管他将良知作为信仰或自然宗教的"重大原则"的思想具有非凡的洞察力，而且他也为之在认识论上进行过细致的论证，但是他的观点也会遭受来自以下两个方面的质疑。一是他将良知作为宗教起源的唯一标准并做了普遍化的处理，这会遭受来自人类学、民族学和考古学的反对，在考察、判定宗教的起源问题时，仅从作为人之内在心理的良知出发并不符合现代宗教学研究的要求和规范。二是他所使用的良知概念是在基督宗教语境下的良知概念，如果将之推进到其他的宗教传统，比如中国古代阳明心学中，可能就不适用了。前者所理解的良知是在与上帝的位格关系中的良知，而后者所理解的良知则具有完全的自足性。只有在比较宗教的视域内，才可以获得关于良知等宗教现象的全面认识，显然，这已经超出了作为19世纪护教士的纽曼的工作范围。

其次，教义及其发展问题。纽曼在教义问题上贡献尤大，他不仅论证了教义的启示性质，同时还论述了教义的发展问题，提出了教义健康发展的七条标准。但是，基督宗教不同的教派教义理解分歧巨大，对于那些主张"唯独圣经"、"唯独恩典"、"唯独信心"、"唯独基督"的很多新教教派而言，罗马天主教会的诸多教义，如关于圣母敬拜、教宗敬拜等，显然不具有启示之性质。即使在罗马天主教会内部，围绕教宗无谬误、教宗首席权等教义，长期以来，也是争论不休，而这些都涉及到教义的启示性质之问题。更为严重的是，面对现代社会的急剧变化，罗马天主教会长期坚守的一些教义及其做法也在经历巨大的挑战，如宗徒统绪、祝圣女性神职、独身制等，另外还面对诸多社会道德问题如同性恋、节育、生命干细胞技术、堕胎等的立场态度等，凡此种种，解决起来都极为复杂棘手，因此也就很难说纽曼关于教义的七条标准能够应付当代天主教所面临的这些难题。他的教义标准仅仅提供了一种原则和框架，具体的教义理解和实践则需要根据不同的处境做出不同的对待，当然是与基督宗教信仰传统和根本教义不相违背的那种调整。

再次，个别理性与普遍理性的关系问题。他在论述基督启示的知识地位时，并没有采取如经院神学家从命题和普遍理性出发的路子，而是从个体的经验或实践理性"推断感"出发来进行论证。这样，他的神学方法和思想就不见得为经院神学家们所接纳，而后者则长期居于罗马天主教官方神学的地位，因此纽曼的神学与经院神学存在很大的张力，他也常常被归于边缘化的神学家的行列。与经院神学家相比，纽曼需要回答的问题是，在普遍理性缺席的情形下，如何寻求个别理性之间的共同标准以实现它们之间的沟通。换言之，纽曼强调个人认知权利并没有错误，但需要避免的一种极端则是对普遍理性的放弃，如果放弃了普遍理性，或纽曼所讲的"形式推论"、"概念的把握"，片面强调"非形式推论"、"真实的把握"，那么如何评价和衡量这种个人认知权利所产生的结果就会成为问题。因此，基督宗教启示知识地位的确立需要对个人理性与普遍理性进行整合，纽曼的"个人神学"也需要经院神学形而上学的补充。

最后，知识的本质与大学的理念。在知识观上，纽曼认为知识的本质在于以知识本身为目的，进而他提出了博雅教育的大学理念，认为大学应以教授"普遍知识"为宗旨。他的这些思想有利于克服功利主义的知识观、大学观，但另一方面，纽曼也在一定程度上存在认识的偏颇，例如他强调智识教育而忽视职业教育，强调大学的教学功能而忽视其科研功能等。这些认识显然不太适应当今大学的实际，他的知识观和大学观具有一定的乌托邦性质。

纽曼辞世距离今天已近一百三十年，尽管他作为思想的探索者，并不完美，但毫无疑问的是，他给后人留下了一笔丰厚的思想和精神遗产，值得今天的人们深入挖掘、不断继承。在此，我们认为，纽曼的遗产不仅在于他的很多包括启示理解在内的思想仍然历久弥新，另外还在于他的那种追求真理的精神。纽曼思想的多变、复杂源于他对真理的追求，而这真理是在良知的"慈光导航"之下，与自我和他者进行"心与心交谈"的结果。追求真理并不仅仅是为了获得一定的知识，更重要的还包括了认知的责任，知与行的统一，知识、真理应内化为思想探索者的生命并自觉转化成为其社会的担当——也许这正是当代知识分子所严重缺乏的一点。一种连自己都不会感动、赞同、信仰的真理、理论和思想，而试图让别人去相信显然是一件荒唐可笑的事情。纽曼相信他所追寻到的真理，而这也使他获得了自由。他的墓志铭是"走出魅影，进入光明"，这应该是对纽曼个性、信仰和思想的最好说明。

参考文献

一、原始文献

1、档案、手稿

1. *Birmingham Oratory Archives.*

2. *Manuscripts of J.H.Newman, Dealing with Tradition, from the Newman Archives in the Oratory,Birmingham.*

3. *Newman the Oratorian.His Unpublished Oratory Papers,* edited by Placid Murray, Dublin, 1969.

2、日记、书信

1. *The Letters and Diaries of John Henry Newman,*edited by Charles Stephen Dessain,Thomas Gornall et al.,（thirty-one volumes）,volumes i-vi,Oxford Clarendon Press,1978;volumes xi-xxii,London,Oxford University Press, 1961-72;volumes xxiii-xxxi,Oxford Clarendon Press,1973-77.

2. *Letters and Correspondence of John Henry Newman During His Life in the English Church*, with a Brief Autobiography, edited by Anne Mozley, 2vols,London,1891.

3. *Correspondence of John Henry Newman with Keble and Others: 1839-1845,* edit at Birmingham Oratory,London,1917.

4. *Cardinal Newman and William Froude, F.R.S.:a Correspondence*, edited by Gordon H.Harper,Baltimore,1933.

3、纽曼著作、讲道集

1. *Anglican Sermons*（1824-1843）

2. *Apologia*（1865）

3. *Arians of the Fourth Century*（1833 ；1871）

4. *Callista: A Tale of the Third Century*（1855）

5. *Catholic Sermons of Cardinal Newman*（1957）

6. *Development of Christian Doctrine*（1845 ；1878）

7. *Difficulties of Anglicans*（1850）

8. *Discourses to Mixed Congregations*（1849）

9. *Discussions and Arguments*（1872）

10. *Essays Critical and Historical*（1871）

11. *Essays on Miracles*（1826-1843；1870）

12. *Grammar of Assent*（1870）

13. *Historical Sketches*（1872）

14. *Idea of a University*（1852-1858；1873）

15. *Lectures on Justification*（1838 ；1874）

16. *Letters and Correspondence of John Henry Newman*

17. *Loss and Gain*（1848 ；1874）

18. *Meditations and Devotions*（1893）

19. *My Campaign in Irland*（1855）

20. *On Consulting the Faithful in Matters of Doctrine*（1859）

21. *Oxford University Sermons*（1843；1871）

22. *Parochial and Plain Sermons*（1834-1843）

23. *Present Position of Catholics in England*（1851）

24. *Select Treatises of St. Athanasius*（1842-1844；1881；1887）

25. *Sermons Bearing on Subjects of the Day*（1843）

26. *Sermons on Subjects of the Day*（1843 ；1869）

27. *Sermons Preached on Various Occasions*（1874）

28. *Stray Essays on Controversial Points*（2009）

29. *Tracts Theological and Ecclesiastical*（1871）

30. *Verses on Various Occasions*（1867）

31. *Via Media*（1883）

4、纽曼其他作品

1. *The Philosophical Notebook of John Henry Newman*, edited by Edward Sillem, Nauwelaerts Pub.House, Louvain, 1969-1970.

2. *The Theological Papers of John Henry Newman On Biblical Inspiration and On Infallibility*，edited by J.Derek Holmes, Clarendon Press, Oxford, 1979.

3. 纽曼著：《大学的理念》，高师宁等译，贵州：贵州教育出版社，2003。

4. 张鹤琴译注：《纽曼枢机及其虹龙子之梦》，台湾：光启出版社，1969。

5. 纽曼著：《纽曼选集》，徐庆誉等译，香港：基督教文艺出版社，1957。

二、英文相关研究著作

1. Ambrose Mong Ih-ren, *The Liberal Spirit and Anti-Liberal Discourse of John Henry Newman*, Peter Lang, 2011.

2. Avery Cardinal Dulles S.J., *Newman*, Continuum, 2002.

3. Benjamin John King, *Newman and the Alexandrian Father*, Oxford University Press, 2009.

4. Bernard C.Pawley, *The Second Vatican Council*, Oxford University Press, 1967.

5. Bernard M.G.Rearchdon, *Religious Thought in the Victorian Age*, Longman Group Litmited, 1971.

6. Bernard M.G.Reardon, *Roman Catholic Modernism*, Stanford University Press, 1970.

7. Brian Martin, *John Henry Newman: His Life and Work*, Oxford University Press, 1982.

8. Charles Frederick Harrold, *John Henry Newman*, New York: Longmans, Green, and Co. , 1945.

9. Charles R.Amico , *The Natural Knowability of God According to John Henry Newman with Special Reference to the Argument from Design in the Universe*, Umbaniana University Press, 1986.

10. Charles Stephen Dessain, *John Henry Newman*, London: Catholic Book Club, 1966.

11. Clyde Nabe, *Mystery and Religion :Newman's Epistemology of Religion*, University Press of America, 1988.

12. Dermot Mansfield S.J., *Heart Speaks to Heart, The Story of Blessed John Henry Newman*, 2010.

13. Felicity O'Brien, *Not Peace but a Sword*, St Paul Publications, 1990.

14. Gabriel Daly, O.S.A., *Transcendence and Immanence: a Study in Catholic Modernism and Integralism*, Clarendon Press, 1980.

15. George Herring, *What was the Oxford Movement*, Continuum, 2002.

16. Guter Bieme, *John Henry Newman on Tradition* , Freiburg : Herder, 1966.

17. Harold L.Weatherby, *Cardinal Newman in His Age, his Place in English Theology and Literature*, Vanderbilt University Press,1973.

18. Ian Ker, *Healing the Wound of Humanity*, Darton, Longman and Todd Ltd, 1993.

19. Ian Ker ,*Newman on Being a Christian*, University of Notre Dame Press, 1990.

20. J.Derek Holmes, *More Roman, than Rome: English Catholicisim in the Nineteenth Century*, Buren&Oates,1978.

21. J.Derk Holmes and Robert Murray,S.j., *On the Inspiration of Scripture*, G. Chapman, 1967.

22. J.H.Walgrave,O.P., *Newman,the Theologian* , Geoffrey Chapman, London, 1960.

23. Jane Rupert, *John Henry Newman on the Nature of the Mind*, Lexington Books, 2011.

24. Jean Guitton, *The Church and Laity*, Harper&Row, 1965.

25. John Coulson and A.M.Allchin, *The Rediscovery of Newman: an Oxford Symposium*, London, Melbourne, Sheed & Ward,London,1967.

26. John R.Connolly, *John Henry Newman*, A Sheed&Ward Book,2005.

27. John R.Page, *What will Dr.Newman do? John Henry Newman and Papal Infallibity*, The Litugical Press,1994.

28. Jouett lynn Powell, *Three Uses of Christian Dicourse in John Henry Newman: an Example of Nonreductive Reflection on the Christian Faith*, Scholars Press for the American Academy of Religion,1975.

29. Laurence Richardson, *Newman's Approach to Knowledge*, Gracewing, 2007.

30. Lee H.Yearley ,*The Idea of Newman, Christianity andHuman Religiosity*, The Pennsylvania State University Press,1978.

31. Martin X.Moleski, S.J. *Personal Catholic* ,The Catholic University of America Press ,2000.

32. Meriol Trevor, *Newman, the Pillar of the Cloud* , Macmillan Sc Co. Ltd., London, 1962.

33. Nicholas Lash, *Newman on Development* ,Sheed and Ward,1975.

34. Owen Chadwick, *From Bossuet to Newman*, University Press,1957.

35. Paul Misner, *Papacy and Development, Newman and the Primacy of the Pope*, E.J.Brill,1976.

36. Peter Benedict Nockles, *The Oxford Movement in Context*, Cambridge University Press,1997.

37. Pieer Masson, *Newman and the Holy Sprit : Christian Life and the Church in our Times*, Taipei,1982.

38. R.W.Church, *The Oxford Movement : Twelve Years*（*1833-1845*）, Lightning Source Incorporated, 2008.

39. Richard H. Hutton, *Cardinal Newman*, Methuen and Co.,London,1891.

40. Rik Achten, *First Principle and Our Way to Faith*, Peter Lang,1995.

41. Robin C.Selby ,*The Principle of Reserve in the Writings of John Henry Newman* , Ford University Press,1975.

42. S.A.Grave ,*Conscience in Newman's Thought* , Clarendon Press,1989.

43. Stanley L.Jaki , *Newman's Challenge*, William B.Eerdmans Puublishing Co., 2000.

44. Stephen Thomas ,*Newman and Heresy* , Cambridge University Press,1991.

45. T.R.Wright, *John Henry Newman: a Man for Our Time?* Newcaste upon Tyne,1983.

46. Terrence Merrigan, *Clear Head and Holy Heart: the Religious and Theological Idea of John Henry Newman*, Peeters Press,1991.

47. Thomas J.Norris, *Newman and His Theological Method* , E.J.Brill,1977.

48. Thomas K.Carr ,*Newman and Gadamer*, Scholars Press,1996.

49. Walter E.Conn, *Conscience&Conversion in Newman*, Marquette University Press,2010.

50. Weaver M.J., *Newman and the Modernists*, University Press of America, Lanham,New York,1985.

51. Wilfrid Ward, *Life of Cardinal Newman*, 2 vols.,Longmans,Green,and Co., New York,1912.

三、中文相关研究著作和译著

1、著作

1. 张志刚主编：《宗教研究指要》，北京：北京大学出版社，2013。

2. 赵敦华，傅乐安主编：《中世纪哲学》，北京：商务印书馆，2013。

3. 章雪富著：《基督教的柏拉图主义:亚历山大里亚学派的逻各斯基督论》，北京：中国社会科学出版社，2012。

4. 刘锦昌著：《神学的知识论》，新竹：台湾基督教长老会圣经书院，2011。

5. 董江阳著：《预定与自由意志:基督教阿米尼乌主义及其流变》，北京：中国社会科学出版社，2011。

6. 陆丽青著：《弗洛伊德的宗教思想》，北京：中国社会科学出版社，2011。

7. 张庆熊等编：《哈贝马斯的宗教观及其反思》，上海：三联书店，2011。

8. 段德智著：《宗教学》，北京：人民出版社，2010。

9. 张旭著：《上帝已死，神学何为？》，北京：中国人民大学出版社，2010。

10. 林鸿信著：《莫特曼神学研究》，上海：上海人民出版社，2010。

11. 张志刚著：《宗教哲学研究：当代观念、关键环节及其方法论批判》，北京：中国人民大学出版社，2009。

12. 段德智著：《主体生成论——对"主体死亡论"之超越》，北京：人民出版社，2009年。

13. 王美秀等著：《基督教史》，南京：江苏人民出版社，2008。

14. 王晨著：《保守主义的大学理想》，北京：北京师范大学出版社，2008。

15. 张志刚主编：《20世纪宗教观研究》，北京：北京大学出版社，2007。

16. 翟志宏著：《阿奎那自然神学思想研究》，北京：人民出版社，2007。

17. 宋旭红著：《巴尔塔萨神学美学思想研究》，北京：宗教文化出版社，2007。

18. 卓新平著：《当代亚非拉美神学》，上海：上海三联书店，2007。

19. 卓新平著：《当代西方天主教神学》，上海：上海三联书店，2006。

20. 卓新平著：《当代西方新教神学》，上海：上海三联书店，2006。

21. 刘林海著：《加尔文思想研究》，北京：中国人民大学出版社，2006。

22. 杨煌著：《解放神学：当代拉美基督教社会主义思潮》，北京：中国社会科学出版社，2006。

23. 马元龙著：《雅克·拉康语言维度中的精神分析》，北京：东方出版社，2006年。

24. 周伟驰著：《奥古斯丁的基督教思想》，北京：中国社会科学出版社，2005。

25. 伍渭文，雷雨田总主编：《路德文集》，上海：上海三联书店，2005。

26. 张旭著：《卡尔·巴特神学研究》，上海：上海人民出版社，2005。

27. 刘小枫，陈少明主编：《古典传统与自由教育》，北京：华夏出版社，2005。

28. 胡国祯（Peter Hu）主编：《拉内的基督论及神学人观》，台湾：光启社，2004。

29. 胡国祯（Peter Hu）主编：《拉内百岁诞辰纪念文集》，台湾：光启社，2004。

30. 刘小枫,陈少明主编：《康德与启蒙》，北京：华夏出版社，2004。

31. 何光沪等主编：《大学精神档案》，桂林：广西师范大学出版社，2004。

32. 张志刚著：《宗教哲学研究》，北京：中国人民大学出版社，2003。

33. 陆建德著：《破碎思想体系的残编——英美文学思想史论稿》，北京：北京大学出版社，2001。

34. 许志伟著：《基督教神学思想导论》，北京：中国社会科学出版社，2001。

35. 张振东著：《哲学神学》，台湾：闻道出版社，2001。

36. 陈嘉明等著：《现代性与后现代性》，北京：人民出版社，2001。

37. 戴康生，彭耀主编：《宗教社会学》，北京：社会科学文献出版社，2000。

38. 段琦著：《基督教学》，北京：当代世界出版社，2000。

39. 卓新平著：《宗教理解》，北京：社会科学文献出版社，1999。

40. 吕大吉著：《宗教学通论新编》，北京：中国社会科学出版社，1998。

41. 刘小枫著：《现代性社会理论绪论》，上海：上海三联书店，1998。

42. 辜鸿铭著：《清流传》，北京：北京出版社，1997。

43. 张志刚著：《理性的彷徨》，北京：东方出版社，1997。

44. 王觉非主编：《近代英国史》，南京：南京大学出版社，1997。

45. 张志刚著：《走向神圣》，北京：人民出版社，1995。

46. 赵尔谦著：《纽曼枢机传》,台湾：商务印书馆，1994。

47. 赵敦华著：《基督教哲学 1500 年》，北京：人民出版社，1994。

48. 柴惠庭著 ：《英国清教》，上海：上海社会科学院出版社，1994。

49. 卓新平著：《世界宗教与宗教学》，北京：社会科学文献出版社，1992。

50. 启良著：《史学与神学》，长沙：湖南出版社，1992。

51. 刘小枫主编：《二十世纪西方宗教哲学文选》，上海：三联书店，1991。

52. 武金正著：《解放神学——脉络中的诠释》，台北：光启出版社，1991。

53. 钱乘旦，陈晓律著：《在传统与变革之间》，杭州：浙江人民出版社，1991。

54. 卓新平著：《西方宗教学研究导引》，北京：中国社科出版社，1990。

55. 夔德义著：《宗教心理学》，上海：上海书店，1990。

56. 卓新平著：《宗教与文化》，北京：人民出版社，1988。

57. 尹大贻著：《基督教哲学》，成都：四川人民出版社，1988。

58. 李铮、章忠民著：《弗洛伊德与现代文化》，合肥：黄山书社，1988 年。

59. 中国社会科学院世界宗教研究所宗教学原理研究室编：《宗教·科学·哲学》，郑州：河南人民出版社，1982。

2、译著

1. [德]潘能伯格著：《神学与哲学》，李秋零译，北京：商务印书馆，2013。

2. [美]米拉德·J.艾利克森著，L.阿诺德·修斯塔德编:《基督教神学导论》，陈知纲译，上海:上海人民出版社，2012。

3. [德]教宗本笃十六世（Pope Benedict XVI）著:《教父》，刘嘉玲译，台北:光启社，2012。

4. [德]康德著:《纯然理性界限内的宗教》，李秋零译，北京:中国人民大学出版社，2012。

5. [美]W. W. 克莱恩，[美]C. L. 布鲁姆伯格合著:《基督教释经学》，尹妙珍译，上海:上海人民出版社，2011。

6. [英]佛格斯·科尔著:《二十世纪天主教神学家——从新经院主义到圣婚神秘主义》，王涛译，香港:公教真理学会，2011。

7. [美国]查尔斯·詹克斯 （Charles Jencks）著:《现代主义的临界点:后现代主义向何处去》，丁宁等译，北京:北京大学出版社，2011。

8. [英]齐格蒙·鲍曼著:《现代性与大屠杀》，杨渝东等译，南京:凤凰出版社，2011 年。

9. [美]迈克尔·鲁斯（MICHAEL RUSE）著:《达尔文主义者可以是基督徒吗？ :科学与宗教的关系》，董素华译，济南:山东人民出版社，2011。

10. [英]罗素著:《宗教与科学》，徐奕春、林国夫译，北京:商务印书馆，2010。

11. [美]蒂莫西·乔治（Timothy George）著:《 改教家的神学思想》，王丽译，北京:中国社会科学出版社，2009。

12. [英]阿利斯特·麦格拉斯著:《加尔文传:现代西方文化的塑造者》，甘霖译，北京:中国社会科学出版社，2009。

13. [美]理查德·奥尔森（Richard G. Olson）著:《科学与宗教》，徐彬、吴林译，济南:山东人民出版社，2009。

14. [英]乔治·皮博迪·古奇著:《十九世纪历史学与历史学家》，耿淡如译，北京:商务印书馆，2009。

15. [英]E.H.卡尔著:《历史是什么？ 》，陈恒译,北京:商务印书馆，2009。

16. [美]保罗·蒂利希著:《基督教思想史:从其犹太和希腊发端到存在主义》，尹大贻译，北京:人民出版社，2008。

17. [法]吉尔松:《中世纪哲学精神》，沈青松译，上海:上海人民出版社，2008。

18. [德]卡斯培（Walter Kasper）著:《现代语境中的上帝观念》，罗选民译，上海:华东师范大学出版社，2008。

19. [德]格尔达·帕格尔著:《拉康》，李朝晖译，北京:中国人民大学出版社，2008。

20. [英]利顿·斯特拉奇著：《维多利亚名人传》，周玉军译，上海：上海三联书店，2007。

21. [德]若瑟·拉辛格著：《拉匝肋人耶稣》，第一集，台湾：闻道出版社，2007。

22. [美]约翰·麦奎利著：《基督教神学原理》，何光沪译，上海：三联书店，2007。

23. [美]威尔·杜兰著：《马丁·路德时代》，北京：东方出版社，2007。

24. [美]约翰·艾伦（John L. Allen, Jr.）著：《教宗本笃十六世》，宫高德译，台北：晨星出版社，2007。

25. 江丕盛，[美]泰德·彼得斯，[美]格蒙·本纳德著：《桥：科学与宗教》，北京：中国社会科学出版社，2007。

26. [英]摩根（Kenneth O.Morgan）主编：《牛津英国史》，北京：外语教学与研究出版社，2007。

27. [德]洛维特著：《世界历史与救赎历史》，李秋零译，上海：上海世纪出版集团，2006。

28. [德]莱辛著：《历史与启示》，朱雁冰译，北京：华夏出版社，2006。

29. [美]阿尔文·普兰丁格著：《基督教信念的知识地位》，梁骏译，北京：北京大学出版社，2004。

30. [德]特洛尔奇（Ernst Troeltsch）著：《基督教理论与现代》，朱雁冰等译，北京：华夏出版社，2004。

31. [英]麦格拉思著：《基督教概论》，马树林、孙毅译，北京：北京大学出版社，2003。

32. [美]奥尔森（Roger Olson）著：《基督教神学思想史》，吴瑞诚，徐成德译，北京：北京大学出版社，2003。

33. [德]艾柏林著：《神学研究》，李秋零译，北京：中国人民大学出版社，2003。

34. [德]约瑟夫·拉辛格著：《基督教导论》，静也译，上海：三联书店，2002。

35. [美]克劳治（E.H.Klotsche）著：《基督教教义史》，胡加恩译，台湾：中华福音神学院出版社，2002。

36. [英]齐格蒙·鲍曼著：《后现代性及其缺憾》，郇建立等译，上海：学林出版社，2002。

37. [英]泰勒（Meriol Trevor）著：《若望·亨利·纽曼——信仰疑惑者的使徒》，冯胜利译，台湾：公教真理学会，2001。

38. [德]汉斯·昆著：《基督教大思想家》，包利民译，北京：社会科学文献出版社，2001。

39. [英]迈克尔·马莱特著:《加尔文》,林学仪译,上海:上海译文出版社,2001。

40. [美]伯克富著:《基督教教义史》,赵中辉译,北京:宗教文化出版社,2000。

41. [德]伽达默尔著:《真理与方法》,洪汉鼎译,上海:上海译文出版社,1999。

42. [美]林贝克(George A. Lindbeck)著:《教义的本质》,王志成译,香港:汉语基督教文化研究所,1997。

43. [英]赫尔墨斯(Urban T.Holmes)著:《安立甘主义是什么?》,黄明德译,台湾:圣公会台湾教区,1995。

44. [法]理查·斯托菲著:《宗教改革(1517-1564),高煜译,北京:商务印书馆,1995。

45. [美]查尔斯·L·坎默(C.L.Kammer)著:《基督教伦理学》,王苏平译,北京:中国社会科学出版社,1994。

46. [英]科尔曼(Dale Coleman)编著:《圣经·传统·理性·经验——安立甘精神》,台湾:雅歌出版社,1994。

47. [英] 利文斯顿(Livingston,James C.)著:《现代基督教思想》,何光沪译,成都:四川人民出版社,1992。

48. [美]沃尔克(Walker,Williston)著:《基督教会史》,孙善玲等译,北京:中国社会科学出版社,1991。

49. [美]约翰斯通(Johnstone,R.L.)著:《社会中的宗教》,尹今黎、张蕾译,成都:四川人民出版社,1991。

50. [英]艾伍德(Murray Elwood)著:《仁慈之光》,梁伟德译,台湾:光启出版社,1990。

51. [英]查德威克(Owen Chadwick)著:《纽曼》淮栋译,台湾:联经出版事业公司,1984 年。

52. [英]郝伯莱著:《圣公会信仰简介》,简其聪译,台湾:台湾圣公会,1981。

53. [美]亚兰·黎家生著:《基督教护教学》,颜路裔译,香港:道声出版社,1979。

54. [英]考耐(Rev.j.j.Coyne)著:《纽曼枢机》,徐牧民译,台湾:光启出版社,1965。

四、其他中文资料

1. 《天主教梵蒂冈第二届大公会议文献》,石家庄:河北信德社,2012。

2. 《天主教教理》,石家庄:河北信德社,1998。

3. 《基督宗教外语汉语神学词语汇编》，上海：上海光启社，2008。

4. 《现代天主教百科全书》，北京：宗教文化出版社，2012。

5. 《二十世纪天主教百科丛书》，北京：上智编译社。

6. 《天主教研究论辑》，北京：宗教文化出版社。

7. 《辅仁大学神学论集》，台北：辅仁大学出版社。

8. 《基督宗教研究》，北京：宗教文化出版社。

9. 《基督教思想评论》，上海：上海人民出版社。

10. 《基督教文化评论》，香港：道风书社。

11. 《基督教学术》，上海：上海三联书店。

五、英文相关研究论文、论文集

1. J.F.Leibell, "Newman as an Ecclesiastical Historian", in: *The Catholic Historical Review*, vol. 11, No. 4（1926）,645-652.

2. TERRENCE Merrigan,"Newman on the Practice of Thology",in: *Louvain Studies* 14（1989）, 260-84.

3. TERRENCE Merrigan, "Newman the Theologian" ,in: *Louvain Studies* 15（1990）, 103-118.

4. TERRENCE Merrigan, "Imagination and Religious Commitment in the Pluralist Theology of Religions", in: *Louvain Studies* 27（1002）, 197-217.

5. GARRETT Green, "Are Religions Incommensurable?Reflections on Plurality and the Religious Imagination", in: *Louvain Studies* 27（2002）, 218-239.

6. JOHN Kent, "Newman and Science", in: *Louvain Studies* 15（1990）, 267-281.

7. MICHELE Marchetto, "The Philosophical Revelence of John Henry Newman", in: *Louvain Studies* 35（2011）, 315-335.

8. TERRENCE Merrigan, "Newman and Religion", in: *Louvain Studies* 35（2011）, 336-349.

9. MICHAEL E.Allsopp, "Conscience,the Church and Moral Truth:John Henry Newman,Vatican II,Today", in: *Irish Theological Quarterly* 58（1992）, 192-208.

10. HAROLD E.Ernst, "The 'Hierarchy of Truths' in the Thought of John Henry Newman", in: *Irish Theological Quarterly* 70（2005）, 307-330.

11. REV.AIDAN Nichols, "John Henry Newman and the Illative Sense: A Re-Consideration", in: *Scot. Journ. of Theol.* Vol.38（1985）,347-368.

12. MAGILL,Gerard, "Newman on Liberal Education and Moral Pluralism,in: *Scottish Journal of Theology* vol.45 no.1（1992）, 45-64.

13. MARK S.Burrows, "A Historical Reconsideration of Newman and Liberalism:Newman and Mivart on Science and the Church", in: *Scot. Journ. of Theol.* Vol.40（1987）,399-419.

14. FERGUSON,Thomas, "The Enthralling Power:History and Heresy in John Henry Newman", in: *Anglican Theological Review* 85:4（2003）, 641-662.

15. DULLES,Avery Robert, "Newman on Infallibility", in: *Theological Studies* vol. 51（1990）,434-439.

16. JEFFREY D.Marleff, "Conversion Methodology and the Case of Cardinal Newman", in: *Theological Studies*（1997）.

17. WALTER E.Conn, "From Oxford to Rome:Newman's Ecclesial Conversion", in: *Theological Studies*（2007）.

18. BASTABLE James D., "Cardinal Newman's Philosophy of Belief ", in: *Irish Ecclesiastical Record* 83（1955）,241-52;346-51;436-41.

19. BUEKRAAD A.J., "Conscience in the Vision of Cardinal John Henry Newman", in: *Divus Thomas* 82（1979）, 233-49.

20. JAKI, Stanley L., "Newman and Evolution", in: *Downside Review* vol. 109（1991）, 16-34.

21. JAKI, Stanley L., "Newman and Science", in: *Downside Review* vol. 108（1990）, 16-34.

22. LAMONT,John R.T., "Newman on Faith and Rationality", in: *International Journal for Philosophy of Religion* vol.40 （1996）, 63-84.

23. BROWN D. （Ed.）, *Newman: a Man for Our Time Centenary Essays*, London: SPCK, 1990.

24. Catholic Dossier, *Cardinal Newman*, San Francisco: Ignatius Press, 1998.

25. Edited by Ian T.Ker &Terrence Merrigan , *Newman and Faith*, Peeters Press, 2004.

26. Edited by Ker I., Merrigan T., *The Cambridge Companion to John Henry Newman*, Cambridge: Cambridge University Press, 2009.

27. Edited by Terrence Merrigan &Ian T. Ker , *Newman and the Truth* ,Peeters Press, 2008.

28. Edited by Terrence Merrigan &Ian T. Ker , *Newman and the Word* ,Peeters Press, 2000.

29. Edited by Terrence Merrigan &Ian T.Ker, *John Henry Newman*, Cambridge University Press, 2009.

30. KER I. （Ed.）, *Newman and Conversion*, Edinburgh: T&T Clark, 1997.

31. KER I., HILL A.G. （Eds.）, *Newman After a Hundred Years*, Oxford: Clarendon Press, 1990.

32. LEFEBVRE Ph. and MASON C.（Eds.）, *John Henry Newman Doctor of the Church*, Oxford：Family Publications，2007.

33. LEFEBVRE Ph. and MASON C.（Eds.）, *John Henry Newman in His Time*, Oxford：Family Publications, 2007.

34. Louvain Studies, vol.15, 1990.

35. Louvain studies, vol.35, 2011.

36. MAGILL G. （Ed.）, *Personality and Belief. Interdisciplinary Essays on John Henry Newman*, Lanham：University Press of America, 1994.

37. McCLELLAND V.A. （Ed.）, *By Whose Authority? Newman, Manning and the Magisterium*, Bath：Downside Abbey, 1996.

38. O' DONOVAN T., & P.WALSHE （Edd.）, *Symposium on John Henry Cardinal Newman, Centenary Lectures and Papers*, St Mary's College of Higher Education, Strawberry Hill, Twickenham，1990.

39. O'DUBHCHAIR K. （Ed.）, *Newman Conference Ballina 1996: The Idea of a Catholic University in Mayo*，Ballina，1996.

40. TURNER G.: *The Theology of John Henry Newman: Introduction.* Catholic Theological Association, 2010 Conference Papers，New Blackfriars.

41. VAISS P.（Ed.）, *From Oxford to the People. Reconsidering Newman and the Oxford Movement*, Gracewing，1996.

六、中文相关研究论文

1、期刊论文

1. 李天纲.我们需要知道一点纽曼[J].探索与争鸣,1994年第1期。

2. 何光沪.基督教研究对当代中国大学的意义——从纽曼的"大学理念"说起[J].中国人民大学学报，2003。

3. 王晨.牛津、牛津运动和纽曼[J].清华大学教育研究,2005年第3期。

4. 王晨.热闹之后的冷观察——纽曼大学思想核心概念之意义重置[J].教育学报，2007年第2期。

5. 王晨.论纽曼大学思想的宗教根源[J].中国地质大学学报，2009年第2期。

6. 朱维铮.辜鸿铭和他的《清流传》[J].中国文化,第十一期。

7. 叶建军.评19世纪英国的牛津运动[J].世界历史，2007年第6期。

2、学位论文

1. 高苹. 约翰·亨利·纽曼的大学理念与其宗教思想之关系[D]. 香港：香港中文大学，2007。

2. 王敏 .纽曼的 1845 年改宗 [D].成都：四川外语学院，2007。

3. 刘丽.约翰·亨利·纽曼论平信徒在教会中的作用 [D].上海：上海社科院，2008。

4. 李媛媛.19 世纪英国牛津运动研究 [D].福州：福建师范大学，2009。

5. 王新生.卡尔·拉纳神哲学思想探析[D].上海：复旦大学，2006。

附　录

纽曼枢机生平简表

1801 年　生于英国伦敦

1808 年　入小学

1816 年　入牛津圣三一学院

1820 年　大学毕业

1822 年　应选研究员

1824 年　领执事受职礼

1826 年　任奥利尔文学院教授

1828 年　管理牛津圣玛丽亚教堂

1832 年　伴好友弗劳德父子游地中海

1833 年　组织"牛津运动"

1842 年　避居利特尔莫

1845 年　转皈罗马天主教

1846 年　赴罗马

1847 年　领受神品

1848 年　入会

1854 年　任都柏林公教大学校长

1858 年　返英

1864 年　发表《自辩书》

1868 年　整理作品，计划出版

1877 年　膺选牛津圣三一学院名誉学员

1878 年　访问牛津

1879 年　荣升枢机主教

1890 年　逝世

后　记

　　"事事有时节，天下任何事皆有定时。"（训 3:1）此时，窗外已是鸟语花香，春色满园，恰似五年前博士论文答辩时的景致。只是那时求学在北方，现在谋食在南方。斗转星移，变换了的不只是流年，还有世事沧桑，人事代谢。不变的却是矢志问学的初心。现在书稿即将付梓，感觉不早不晚，不疾不徐，刚刚好，"绳尺正给我落在优雅的地域"（咏 16:6）。

　　曾经怀揣考博梦想，经过几番辛苦波折，终于梦圆。读博期间，倍加珍惜来之不易的求学机会，心无旁骛，专注于基督宗教思想文化研究，徜徉在学术的海洋中，沐浴着知识女神的光辉，那是人生中最宝贵、最可爱的三年时光。这本书，就是彼时问道结出的夏之初果。毕业后，来到南方工作，虽不能全身心从事宗教学研究，也时常会徘徊于理想与现实的边缘，但还是坚持了下来，有失更有得，无怨亦无悔。

　　在这条布满荆棘的问学之路上，得到过很多老师和朋友的帮助，在此，深表谢忱。感谢导师卓新平先生。先生师渊博的学识，一丝不苟的严谨治学精神给我留下了深刻的印象，也潜移默化成为自己治学的标杆。生活中，先生平易近人，和蔼可亲，经常给我以关怀和鼓励。难以忘怀博士论文攻坚阶段时老师的那句"祝你顺利"，难以忘怀辛苦找工作时老师的那句"祝你成功"，简单的祝福美丽而又温暖。师恩没齿难忘，唯有不断自我鞭策，为学日进，奋力前行。感谢中国社会科学院世界宗教研究所的各位老师。他（她）们是金泽、段琦、王美秀、周伟驰、石衡潭、董江阳、刘国鹏、梁恒豪、王鹰、杨华明、李林等，感谢他（她）们的精彩点拨与关心照顾。感谢何光沪和高师宁老师。虽然未曾向两位老师当面求教过，但是由两位老师编译的《大学的理念》，却是使我萌发研究纽曼兴趣，走上纽曼研究之路的一部重要启蒙之著。

感谢香港中文大学崇基学院和台湾辅仁大学天主教学术中心。感谢它们为我提供了难得的学术交流机会，使我不仅开阔了自己的学术视野，更为重要的是，在交流期间，收集到了撰写这本书所需要的大部分英文资料。当时在崇基学院图书馆和博敏神学院图书馆挥汗复印资料的情景，至今仍感觉仿佛一切就在昨天。感谢香港基督教文化研究所连续两年为我提供"道风奖学金"。感谢中国天主教神哲学院和北京天主教与文化研究所。感谢它们在资料和学术交流上所给予的无私帮助。感谢北京师范大学基督教文艺研究中心和台湾花木兰文化事业有限公司。正是得益于他们推进的基督宗教系列丛书出版计划，本书才能得以面世，这样的善举确为基督宗教学界之幸，学人之福！感谢花木兰出版社杨嘉乐、许郁翎等编辑们认真细致的编审，本书的出版，离不开她们的辛勤付出。

感谢父母和家人这么多年来的默默支持。在我那些颠沛流离的岁月里，家成为我最后的港湾，使我能够重拾信心，走出了人生的"涕泣之谷"。

由于著者水平能力有限，本书难免存在错谬和不成熟之处，诚希学界同仁和读者朋友们批评指正！

王玉鹏

2019 年 4 月 18 日于南通花城

《基督教文化研究丛书》

主编：何光沪、高师宁

（1-5 编书目）

初　编 （2015 年 3 月出版）

ISBN：978-986-404-209-8　　　　　　　定价（台币）$28,000 元

册　次	作　者	书　名	学科别（／表示跨学科）
第 1 册	刘　平	灵殇：基督教与中国现代性危机	社会学／神学
第 2 册	刘　平	道在瓦器：裸露的公共广场上的呼告——书评自选集	综合
第 3 册	吕绍勋	查尔斯　泰勒与世俗化理论	历史／宗教学
第 4 册	陈　果	黑格尔"辩证法"的真正起点和秘密——青年时期黑格尔哲学思想的发展（1785 年至 1800 年）	哲学
第 5 册	冷　欣	启示与历史——潘能伯格系统神学的哲理根基	哲学／神学
第 6 册	徐　凯	信仰下的生活与认知——伊洛地区农村基督教信徒的文化社会心理研究（上）	社会学
第 7 册	徐　凯	信仰下的生活与认知——伊洛地区农村基督教信徒的文化社会心理研究（下）	
第 8 册	孙晨荟	谷中百合——傈僳族与大花苗基督教音乐文化研究（上）	基督教音乐
第 9 册	孙晨荟	谷中百合——傈僳族与大花苗基督教音乐文化研究（下）	
第 10 册	王　媛	附魔、驱魔与皈信——乡村天主教与民间信仰关系研究	社会学
	蔡圣晗	神谕的再造，一个城市天主教群体中的个体信仰和实践	社会学
	孙晓舒王修晓	基督徒的内群分化：分类主客体的互动	社会学
第 11 册	秦和平	20 世纪 50－90 年代川滇黔民族地区基督教调适与发展研究（上）	历史
第 12 册	秦和平	20 世纪 50－90 年代川滇黔民族地区基督教调适与发展研究（下）	
第 13 册	侯朝阳	论陀思妥耶夫斯基小说的罪与救赎思想	基督教文学
第 14 册	余　亮	《传道书》的时间观研究	圣经研究
第 15 册	汪正飞	圣约传统与美国宪政的宗教起源	历史／法学

二　编 （2016 年 3 月出版）

ISBN：978-986-404-521-1　　　　　　　定价（台币）$20,000 元

册　次	作　者	书　名	学科别（／表示跨学科）
第 1 册	方　耀	灵魂与自然——汤玛斯·阿奎那自然法思想新探	神学／法学
第 2 册	劉光順	趋向至善——汤玛斯·阿奎那的伦理思想初探	神学／伦理学
第 3 册	潘明德	索洛维约夫宗教哲学思想研究	宗教哲学
第 4 册	孫　毅	转向：走在成圣的路上——加尔文《基督教要义》解读	神学
第 5 册	柏斯丁	追随论证：有神信念的知识辩护	宗教哲学
第 6 册	張文舉	基督教文化论略	综合
第 7 册	李向平	宗教交往与公共秩序——中国当代耶佛交往关系的社会学研究	社会学
第 8 册	趙文娟	侯活士品格伦理与赵紫宸人格伦理的批判性比较	神学伦理学
第 9 册	孫晨薈	雪域圣咏——滇藏川交界地区天主教仪式与音乐研究（增订版）（上）	基督教音乐
第 10 册	孫晨薈	雪域圣咏——滇藏川交界地区天主教仪式与音乐研究（增订版）（下）	基督教音乐
第 11 册	張　欣	天地之间一出戏——20 世纪英国天主教小说	基督教文学

三　编　（2017 年 9 月出版）

ISBN：978-986-485-132-4　　　　　　　　定价（台币）$11,000 元

册　次	作　者	书　　　名	学科别（／表示跨学科）
第 1 册	赵　琦	回归本真的交往方式——托马斯·阿奎那论友谊	神学／哲学
第 2 册	周兰兰	论维护人性尊严——教宗若望保禄二世的神学人类学研究	神学人类学
第 3 册	熊径知	黑格尔神学思想研究	神学／哲学
第 4 册	邢　梅	《圣经》官话和合本句法研究	圣经研究
第 5 册	肖　超	早期基督教史学探析（西元 1~4 世纪初期）	史学史
第 6 册	段知壮	宗教自由的界定性研究	宗教学／法学

四　编　（2018 年 9 月出版）

ISBN：978-986-485-490-5　　　　　　　　定价（台币）$18,000 元

册　次	作　者	书　　　名	学科别（／表示跨学科）
第 1 册	陈卫真 高　山	基督、圣灵、人——加尔文神学中的思辨与修辞	神学
第 2 册	林庆华	当代西方天主教相称主义伦理学研究	神学／伦理学
第 3 册	田燕妮	同为异国传教人：近代在华新教传教士与天主教传教士关系研究（1807～1941）	历史
第 4 册	张德明	基督教与华北社会研究（1927～1937）（上）	社会学
第 5 册	张德明	基督教与华北社会研究（1927～1937）（下）	
第 6 册	孙晨荟	天音北韵——华北地区天主教音乐研究（上）	基督教音乐
第 7 册	孙晨荟	天音北韵——华北地区天主教音乐研究（下）	
第 8 册	董丽慧	西洋图像的中式转译：十六十七世纪中国基督教图像研究	基督教艺术
第 9 册	张　欣	耶稣作为明镜——20 世纪欧美耶稣小说	基督教文学

五 编 （2019 年 9 月出版）

ISBN：978-986-485-809-5　　　　　　定价（台币）$20,000 元

册 次	作 者	书 名	学科别（／表示跨学科）
第 1 册	王玉鹏	纽曼的启示理解（上）	神学
第 2 册	王玉鹏	纽曼的启示理解（下）	
第 3 册	原海成	历史、理性与信仰——克尔凯郭尔的绝对悖论思想研究	哲学
第 4 册	郭世聪	儒耶价值教育比较研究——以香港为语境	宗教比较
第 5 册	刘念业	近代在华新教传教士早期的圣经汉译活动研究（1807～1862）	历史
第 6 册	鲁静如 王宜强 编著	溺女、育婴与晚清教案研究资料汇编（上）	资料汇编
第 7 册	鲁静如 王宜强 编著	溺女、育婴与晚清教案研究资料汇编（下）	
第 8 册	翟风俭	中国基督宗教音乐史（1949 年前）（上）	基督教音乐
第 9 册	翟风俭	中国基督宗教音乐史（1949 年前）（下）